可视化的小学数学

〔日〕桥爪大三郎◎著　　夏冬莹◎译

北京科学技术出版社
100层童书馆

目　录

故事开始的夜晚

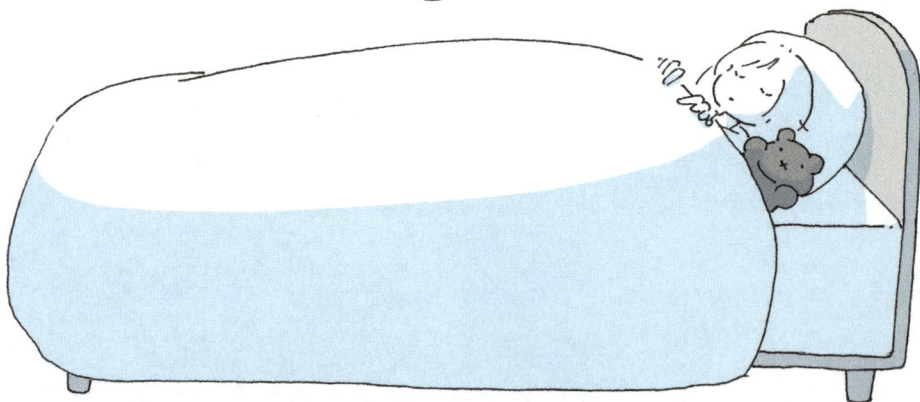

事情发生得有些突然。

"小堇，快起床啦！"

深夜时分，小堇感到有人在拉自己的被子。

昏暗之中，似乎有人站在床边。

是一个穿着白色衣服的小姐姐，看上去像是初中生。

小堇吓了一跳，彻底清醒了。

"快换衣服，我们马上要出发啦。"

小堇露出疑惑的表情："出发？去哪里？"

"我们要去数学乐园。"

"那是什么地方？"小堇心里这样想着，却不由自主地按照小姐姐的吩咐，换上了出门的衣服，戴上了围巾和手套。当小堇回过神来时，她已经站在了家门外。

✳ 天使哥哥和天使姐姐

雨后的柏油路反射着月光。

除了刚才的小姐姐，还有一个穿着白色衣服的小哥哥也在等着她。

他看上去像个大学生。

两个人穿的白色长袍像合唱团成员的服装，他们的背上还长着小小的翅膀。

"他们是天使吗？"小堇好奇地想。

"我们出发吧！"

两人迈着轻快的步伐向远处走去。

小堇也跟了上去。

时间仿佛停止了一般，小镇一片寂静。

汽车一动不动地停在马路中央，司机手握方向盘，目不转睛地望向前方。

便利店里的收银员好像人偶一样，维持着扫码的姿势。

在停滞的世界中，只有他们三人在移动。

两位天使明明看起来步伐缓慢，实际上速度比自行车还要快。

小堇想，自己一定是在做梦。

❋ 你的名字

走过这家便利店，便是郊区了。

这附近有一家集餐厅、时装店和诸多小店铺于一身的大商场。

再往前走会到什么地方，小堇便不太清楚了。

三人在商场附近右拐，之后便沿着国道一路前行。

路上到处都是一动不动的卡车和小汽车。

小堇心想，要不要问一下自己一直很好奇的问题——"你们两位是天使吗？"

但她总觉得很难说出口。问这个问题有种在质疑他们身份的感觉，会不会冒犯他们呢？对了，先这样问吧。

"你们叫什么名字呀？"

"名字？"天使哥哥说，"我们曾经有名字。"

咦？这是什么意思？

"我曾经有名字，但是我已经忘记了。每当需要用到名字的时候，我就再起一个。那么，这次叫什么好呢？"

"乔治，就叫乔治吧。"天使姐姐开口了。

"那么，我就叫乔治好了。"天使哥哥点头说道。

"你就叫我安娜吧。"天使姐姐说。

✳ 数学乐园的谜团

妈妈经常告诫小堇，不可以跟着陌生人走。

"我现在却在跟着陌生人走，"小堇心想，"不过他们似乎不是人，而是天使，感觉有点儿虚幻，也许这是我的一场梦吧。"

不过话说回来，什么时候才能到达数学乐园呢？

明明在冬天的夜里，她却一点儿也不觉得冷，而且不知为何，走了很久也不累。但这样一直走下去也让她感到不安。

她正这样想着，忽然听到安娜说："我们已经走了一半的路了。"

也许因为安娜是天使，所以她能够察觉到小堇的想法。

只是在脑海中思考，不用说出口他们也能知道，真是好神奇啊！

不过这样多少会有点儿尴尬吧。

"请问，数学乐园是个什么样的地方呢？"

小堇问出了心中的疑惑，毕竟她现在对数学乐园还一无所知。

乔治说："那是一个像迪士尼乐园的地方，你去过迪士尼乐园吗？"

"很久以前去过。"

"与迪士尼乐园不一样的是，数学乐园里的居民是数字。"

"居民是数字？"

"没错，全世界的数字都汇聚在那里。"

小堇听了之后觉得那里可能是个很像学校的地方。

"告诉你一个秘密，数字是构成世界的基础。"乔治说。

"真的吗？"

"因为数字非常重要，所以它们需要有自己的空间。数学乐园就是因此而建立的。数学乐园，顾名思义，就是数字们的乐园啦。"

小堇的脑海中浮现出数字造型的玩偶像米奇一样巡游的画面。

"数学乐园是什么时候出现的？"小堇问。

"问得好。"乔治回答，"在数字诞生的同时，数学乐园就出现了。"

※ 睡不着的时候，就数羊吧

"睡不着的时候，你会数羊吗？"乔治问。

"数是数过，但是我总是数不好……"

睡不着的时候，就数羊吧，这样很快就能睡着了——这是同学教给小堇的秘诀。数着牧场里一只一只跃过栅栏的绵羊，很快眼皮就会打起架来。

有一天晚上，小堇怎么都睡不着，便尝试了一下这个方法。然而，她脑海里的绵羊却不肯老老实实地排成一列。小堇很生气，想把绵羊赶到一起，但是这么一来，她反而更睡不着了。

"有了绵羊，人们就想数清绵羊的数量，于是数字在计数的过程中诞生了。如果世界上没有'绵羊'这个概念，那就没有办法数清绵羊的数量了。"

然后，乔治大声地唱起了一首歌：

很久很久以前，

有人要将绵羊数。

他把全世界的绵羊都赶来了。

一只羊、两只羊、三只羊……

全都排成一长列，

于是数字诞生了。

很久很久以前，

绵羊的概念还不存在。

猫咪、狮子和绵羊们，

一起挤成一大团。

数不清到底有多少，

这就是没有数字的世界。

乔治唱得入了迷，差点儿撞上停在路中央的小汽车。

"这是数学乐园里自古流传下来的歌，"乔治解释道，"大伙儿都会唱。安娜也会。"

"真的吗？"小堇看向安娜。

"下次我唱给你听吧。"安娜笑着说。

三个人离开国道，走上了通向山里的岔路。

沿着岔路一直走就进入了一片昏暗的森林，只有一道微弱的月光透过枝丫射进来。

他们在黑暗中不断前行。小堇感觉越发不安了。

这真的是在梦里吗？

昨天是小堇的九岁生日。她给妹妹分了一块蛋糕，自己吃掉了剩下的三块。她认为一定是因为自己吃得太多导致消化不良，才会做这种奇怪的梦。

正在这时，安娜开口了："这里可以看到数学乐园啦！"

小堇向前望去，靠近山顶的地方，有微弱的光亮在闪烁。

又向前走了一段之后，小堇看到，山顶上耸立着一座宛如天空之城的城堡。

山中竟然有这样的地方！小堇很吃惊。

路的尽头是数学乐园的入口，那里灯火通明。和游乐园不同，这里不需要买票就可以进去。

数学乐园里到处都是天使。他们穿着和乔治、安娜一样的白色长袍，背上长着翅膀，一眼就能认出来。仔细一看，这里还有许多和小堇年龄相仿的孩子。

"为什么要带我到这里来呢？"小堇问。

"每个小孩都要到这里来一次哟。"安娜温柔地说。

"所有孩子？"

"所有孩子。"乔治重复道。

"小堇，你九岁了吧？九岁生日当晚是最适合来数学乐园的时机。"

听到世界上所有小孩都会到这里来，小堇便有些放心了。

自助餐厅

乘法

除法

减法

数的名字

| 1 | 2 | 3 | 4 | 5 |
| 6 | 7 | 8 | 9 | 0 |

加法

接待处

数学乐园

数学乐园地图

因数和倍数

计量单位

图形

分数

小数

数的名字

走进大门便来到了接待处，小堇在这里办理了入园手续。

接待处的天使给了小堇一个胸牌，上面写着"小堇"两个字。

接着，三人跟着标识牌的指引走向第一栋建筑物。

数学乐园和很多主题公园一样，里面有好多好多建筑。第一栋楼上挂着一块牌子，上面写着"数的名字"。

小堇走进这栋楼，首先映入眼帘的是一块巨大的屏幕，上面有好多绵羊。

"绵羊们，排成一列吧。"安娜命令道。

绵羊们立刻推着挤着，在栅栏前排成了一列。

"接下来我们开始数数吧。"

绵羊们乖乖地排队等待着。

"你能数到几？"安娜问。

"100 以内的话，不成问题。"

小堇喜欢在洗澡的时候数数，她习惯数到 100 就出来。小堇的妹妹小枫总是数到一半就数混了，所以小堇还要帮小枫记着她数到几了。

不过，比 100 大的数，小堇还没有数过，她也不确定自己最多能数到多少。

"最多 10000 吧。"

小堇脱口而出后，又觉得自己还能继续往后数。10000 之后，就是 10001 吧？那样的话……

"那么，来试试数这些绵羊吧。开始！"

安娜说完，绵羊便一只接着一只地跃过栅栏。小堇负责数跃过栅栏的绵羊的数量。

"1 只、2 只……"

跃过栅栏的绵羊也不乱跑，而是乖乖地站着，比小堇脑海中的绵羊乖巧得多。

"23 只、24 只……"

剩余的绵羊越来越少了。

"37 只，数完了！"

安娜微微笑道："太好了，数得真棒！"

☀ 数与量词

"我们数小动物的时候，大多数情况下要加上量词'只'，比如1只、2只、3只……但是也有一些动物要用其他量词，如一匹马、一头大象、一条蛇等。"

"确实如此。"小董心想。

"之前我都没有注意过，自然而然地就数出来了。"

"不经意间就掌握了，你真棒！

"当我们数铅笔之类的细长的物体时，用到的量词是'支'或者'根'；在数鞋子或者袜子之类成对的物体时，用到的量词则是'双'。

"数像纸这样轻薄的物体时，用到的量词是'张'。你会想到'纸张'这个词。

"数大型动物时，用到的量词是'头'。

"数人的时候，一般会用量词'个'，也可以不用量词，直接说'一人'。在表达尊敬的含义时，也可以用量词'位'，'位'后面一般不会再加'人'。"

请注意量词

	小动物	只
	大型动物	头
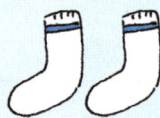	细长的物体	支 / 根
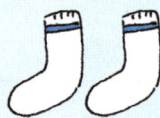	成对的物体	双
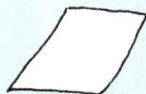	轻薄的物体	张
	人	（个）/ 位

"到这里为止有什么问题吗？"安娜问。

✳ 阿拉伯数字

小堇一边比画一边说："我记得数字不单有屏幕上的'1,2,3,…'这样的写法，还能写成汉字'一、二、三……'"

"你说得对。"

"汉字的'一、二、三……'是中国的传统写法。此外，汉语里另一种数字的写法是'壹、贰、叁……'，现在学校里数学课上使用的'1，2，3，…'叫阿拉伯数字。"

"阿拉伯？"

"阿拉伯人是主要生活在西亚和北非的一个民族。这些数字最初由古印度人发明，后来由阿拉伯人传到欧洲，所以叫阿拉伯数字。"安娜告诉小堇。

"我们在数学课上一般使用阿拉伯数字，但在语文课上一般使用汉字数字。"

数字的写法

1	2	3	4	5
一 壹	二 贰	三 叁	四 肆	五 伍

6	7	8	9	10
六 陆	七 柒	八 捌	九 玖	十 拾

100	1000	10000
百 佰	千 仟	万

✳ 给数起名字

"小堇，你可以数到 10000，对吧？"

"嗯！我还可以继续往下数！"

"那么我问你，如果你不断地数下去，会怎么样呢？"

小堇思考了一会儿，没有想出答案。

"会怎么样呢？"

面对小堇的疑问，乔治说："无论你数到多么大的数，都不会数到尽头，一定会有比那个数更大的数。但是……"

乔治微微皱了下眉头。

"每个数都有名字，但数的个数是无穷的，该怎么给无穷的数命名呢？这就需要有一定的命名规律。所以，我们来聊一聊，该如何给数起名字吧。数很多，如果我们需要给每一个数起一个不同的名字，该怎么做呢？"

小堇认真地听着。

"小堇，你所在的班级有多少人呀？"乔治问。

"大概有 30 个人吧。"

"班上所有同学的名字，你都记住了吗？"

"刚开学的时候记不住，但是现在基本记住了。"

"那和你同年级但不同班的同学呢？"

"好多都记不住。"小菫摇了摇头，诚实地说。

"没错，记住很多人的名字并不容易。如果有 100 个人就需要记住 100 个名字，有 1000 个人就需要记住 1000 个名字，有 10000 个人就需要记住 10000 个名字。你能记住 10000 个人的名字吗？"

"10000 个也太多了，记不住。"

"没错，要是像给人起名字一样，给数起不同的名字的话，我们会很难记住每个数的名字。因此，这就需要巧妙地编排一下了。"

乔治按下按钮，屏幕上又出现了羊群。

绵羊们在屏幕上到处乱走。

安娜下令："10 只一组！"

于是，绵羊们便以 10 只为单位聚集了起来。一组、一组又一组，最终剩下了 7 只不成组的绵羊。

乔治说："你看，10 只羊的集合有 3 个，落单的绵羊一共有 7 只。3 个 10 的集合就是 30，将 30 和 7 相加，我们就能得到 37 这个数了。所以，绵羊一共有 37 只。用这个方法命名的话，只要使用数字 0~9，就能给比 10 更大的数起名。小菫，你在学校里学到的也是这个方法吧？"

"嗯，是的。"

"没错，这就叫作十进制计数法。"

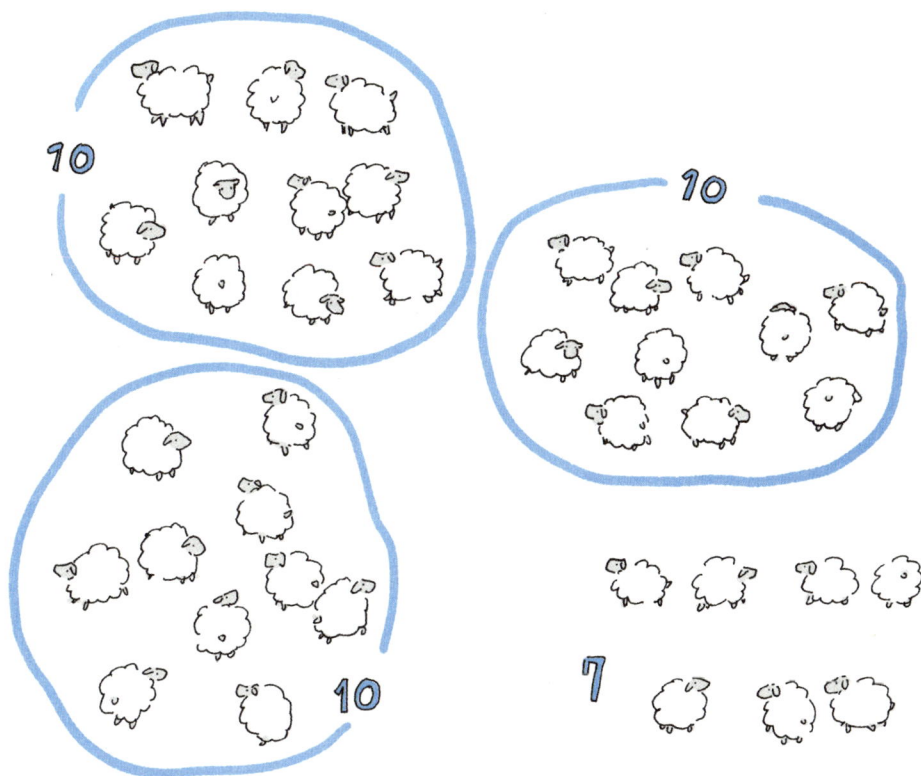

✳ 制造 10 的集合

"我们数数的时候，为什么要制造 10 的集合呢？"小堇问。

"我想……这可能是因为我们一共有 10 根手指吧，"安娜说，"很久以前大家可能是掰着手指来数数的，所以十进制在全世界广泛使用。"

乔治说："如果是特别大的数，即使制造 10 的集合也要制造好多好多个，遇到这种情况该怎么办才好呢？

"这个时候，我们就要创造 10 个 10 的集合，组成更大的集合。10 个 10 的集合，就是 100（一百）；2 个 100，就是 200；3 个 100，就是 300……当 100 的集合达到 10 个时，我们就要创造 10 个 100 的集合，这个集合就是 1000（一千）。

"10 个 1000，就是 10000（一万）；

"10 个 10000，就是 100000（十万）；

"10 个 100000，就是 1000000（一百万）；

"10 个 1000000，就是 10000000（一千万）；

"10 个 10000000，就是 100000000（一亿）。"

"到此为止有什么问题吗？"安娜问小堇。

"有，0 是什么呢？"

小堇早就想问了。0 是不是就代表一只绵羊都没有呢？那么，0 还是一个数吗？

"0 也是一个数，表示没有可以数的东西，没错吧？"安娜问乔治。

"是的，0 也是一个数。这很重要。"乔治说。

"以 10 的集合为单位给数字命名，这种十进制计数法很早就在世界各地产生了。不过，使用 0 作为十进制中的一个数字，却是一项伟大的发明。多亏有了 0，计算才变得非常简单。"乔治一聊到数字就特别兴奋，话多到停不下来。

"有了 0，无论多大的数，都可以用 0~9 这十个数字来表示。

"这是因为有数位的存在。

"以 10 为例，

| 1 | 0 |

（十位）　　（个位）

"我们把'10'里'1'的位置定为十位，'0'的位置定为个位，这样一来，'10'就表示 10 的集合有 1 个，1 的集合有 0 个，这就是 10 这个数的意思。如果没有 0，就不能用这种写法，所以 0 是人类的一项伟大发明。"

✳ 最大的数是什么？

乔治继续解释道："通过数位，无论多大的数，都可以简单地表示出来。比如 52301141 就是五千二百三十万一千一百四十一。

"2351887902003459114528743445092343I 这样的数，虽然念起来很复杂，但也是真实存在的。

"无论多大的数，都存在比它更大的数，所以世界上没有最大的数。可是，无论多大的数，我们都可以用 0~9 表示出来。"

安娜说："那么，这栋'数的名字'的大楼我们就逛到这里，去下一栋楼吧。"

于是三个人沿着道路，走向下一栋楼。

加法

这栋大楼上挂着"加法"的牌子。

小堇抬头望天，只见一轮明月高挂在空中。她在数学乐园里走了这么久，天上的月亮却一直挂在同一个地方。看来，在外面的世界，时间依旧是静止的。

小堇走进"加法"大楼，面前出现了一块屏幕。

加法是什么？

2只　　　　　3只　　　　　5只

第一组绵羊有 2 只，第二组绵羊有 3 只。

把两组绵羊赶到一起，变成一大组，一共是 5 只。

用算式表示就是

$$2 + 3 = 5$$

（2 加 3 等于 5）

这就是加法。

"这个我学过！"小堇说，"我会算，很简单。"

"厉害！"安娜鼓掌。

"你看，下面这个题目和刚刚的题目考查的是同一个知识点。

加法的横式

■■ ＋ ■■■ ＝ ■■■■■

如果把一个 ■ 看作 1，上图就表示 2+3=5。

"'2 + 3 = 5'这样横着的算式叫作横式。后面我们还会遇到竖式。"安娜说。

"接下来，我们看看这个。"

安娜在屏幕上放映了新的表格。

上面列着整整 100 个加法的横式。

"这些你也学过了吧？"

"嗯，我全都会算。"小堇自信满满地说。

"现在你眼前的是'一位数加法表'，"安娜介绍道，"要把这张表上面的内容全都背下来哟。如果需要掰着手指想半天才能算出这

一位数加法表

0 + 0 = 0	1 + 0 = 1	2 + 0 = 2	3 + 0 = 3	4 + 0 = 4
0 + 1 = 1	1 + 1 = 2	2 + 1 = 3	3 + 1 = 4	4 + 1 = 5
0 + 2 = 2	1 + 2 = 3	2 + 2 = 4	3 + 2 = 5	4 + 2 = 6
0 + 3 = 3	1 + 3 = 4	2 + 3 = 5	3 + 3 = 6	4 + 3 = 7
0 + 4 = 4	1 + 4 = 5	2 + 4 = 6	3 + 4 = 7	4 + 4 = 8
0 + 5 = 5	1 + 5 = 6	2 + 5 = 7	3 + 5 = 8	4 + 5 = 9
0 + 6 = 6	1 + 6 = 7	2 + 6 = 8	3 + 6 = 9	4 + 6 = 10
0 + 7 = 7	1 + 7 = 8	2 + 7 = 9	3 + 7 = 10	4 + 7 = 11
0 + 8 = 8	1 + 8 = 9	2 + 8 = 10	3 + 8 = 11	4 + 8 = 12
0 + 9 = 9	1 + 9 = 10	2 + 9 = 11	3 + 9 = 12	4 + 9 = 13
5 + 0 = 5	6 + 0 = 6	7 + 0 = 7	8 + 0 = 8	9 + 0 = 9
5 + 1 = 6	6 + 1 = 7	7 + 1 = 8	8 + 1 = 9	9 + 1 = 10
5 + 2 = 7	6 + 2 = 8	7 + 2 = 9	8 + 2 = 10	9 + 2 = 11
5 + 3 = 8	6 + 3 = 9	7 + 3 = 10	8 + 3 = 11	9 + 3 = 12
5 + 4 = 9	6 + 4 = 10	7 + 4 = 11	8 + 4 = 12	9 + 4 = 13
5 + 5 = 10	6 + 5 = 11	7 + 5 = 12	8 + 5 = 13	9 + 5 = 14
5 + 6 = 11	6 + 6 = 12	7 + 6 = 13	8 + 6 = 14	9 + 6 = 15
5 + 7 = 12	6 + 7 = 13	7 + 7 = 14	8 + 7 = 15	9 + 7 = 16
5 + 8 = 13	6 + 8 = 14	7 + 8 = 15	8 + 8 = 16	9 + 8 = 17
5 + 9 = 14	6 + 9 = 15	7 + 9 = 16	8 + 9 = 17	9 + 9 = 18

些加法的结果，只能算刚刚入门的程度。只看一眼就能立刻算出来，才算是真正熟练掌握。"

※ 方便的竖式

"算式中除了横式，还有竖式，竖式和对应的横式代表的意义一样。计算一位数的加法时，两种算式没有本质区别。但是，计算'两位数加两位数'的加法时，竖式更加方便。

"第一道加法题是 17+52，17 是由 1 个 10 和 7 个 1 组成的，而 52 是由 5 个 10 和 2 个 1 组成的。把它们相加，就有 6 个 10 和 9 个 1 了，所以答案是 69。

"第二道题也用同样的思路去解。不过，在这道题里，个位上的数相加会有 13 个 1。明明都在个位，这两个数却合成了 1 个新的 10。因此，我们要在第一行的十位写上 1、个位写上 3。竖式的十位上，1 加 5 得到 6，所以要在第二行的十位写上 6。接下来再把第一行和第二行相加得到 73，这就是最终答案。

"同一数位上的数相加满 10，要向左边相邻的数位进 1，这就叫作进位。

"第三道题里，个位和十位相加时都有进位。首先将个位上的数相加得到 13，所以要在十位写上 1，在个位写上 3。接着，我们把十位上的数相加得到 14，在百位写上 1，在十位写上 4。最后把这两行相加得到 153。明白了吗？"

"嗯，但是这和我在学校里学到的竖式不太一样。"

"是哪里不一样呢？"

"我学竖式时，进位的数字要写得很小。"

两位数加两位数（1）

①
```
    1 7
  + 5 2
  ─────
      9
    6
  ─────
    6 9
```

没有进位

②
```
    1 7
  + 5 6
  ─────
   ⑬ 3
  ← 进位
    6
  ─────
    7 3
```

个位向十位进位

两位数加两位数（2）

③

```
    9 7              9 7
 +  5 6           + 5 6
进位  ⟍→ ①3          1 ₁
    ⟍↗            1 5 3
  ① 4
  1 5 3
```

进位 → ①3

① 4

进位的数字要写
得小一些

个位和十位要进位

"这和学校里教的方法本质上是一样的，只不过刚才的写法看起来会更清晰一些。"

✳ 加法的运算律

乔治说："只要你学会了有进位的'两位数加两位数'，那么什么加法都难不倒你啦。不过保险起见，我再补充几点。"

随后，屏幕上又出现了一张全新的图。

加法交换律

加数互换位置后和不变。

$$2 + 3 = 3 + 2$$

"无论是 2+3 还是 3+2，我们得到的答案都是 5。这就是加法交换律。

加法结合律

三个数相加，无论是先把前两个数相加，还是先把后两个数相加，和都不变。

$$(2 + 3) + 4 = 2 + (3 + 4)$$

"无论是先算 2 加 3，还是先算 3 加 4，最终得到的答案都是 9。这就是加法结合律。算式中的括号是'先算这一步'的意思。"

乔治问小堇："根据这两个定律，在做加法时，无论有多少个加数，都可以按照自己喜欢的顺序计算。懂了吗？"

"我没听说过这两个定律，但是我懂你的意思，"小堇回答，"总觉得自然而然就掌握了。"

"这就是加法的特性，很神奇吧？"乔治欣慰地说，"好了，那就让我们再来看更复杂一些的加法吧！"

✳ 很大的数相加时，该如何计算？

"那么，像这样的情况，该怎么计算呢？"

乔治在屏幕上放映了一道更加复杂的加法题。

复杂的加法

$$
\begin{array}{r}
3\ 3\ 4\ 5\ 2\ 8\ 9\ 0 \\
1\ 2\ 4\ 4\ 5\ 6\ 3 \\
9\ 8\ 5\ 6\ 3\ 3\ 2\ 1 \\
4\ 0\ 0\ 3\ 0\ 0\ 5 \\
2\ 2\ 3\ 1\ 5\ 7\ 8\ 9 \\
4\ 5\ 6\ 6\ 9\ 2\ 1\ 2\ 7 \\
3\ 3\ 2\ 1\ 0\ 4\ 9\ 0\ 8 \\
+\quad 7\ 0\ 3\ 2\ 0\ 4\ 4\ 4 \\
\hline
\end{array}
$$

"多个很大的数相加，该怎么计算呢？"

将加法变简单的诀窍

```
    3  3  4  5  2  8  9  0
       1  2  4  4  5  6 (3)
       9  8  5  6  3  3  2 (1)
          4  0  0  3  0  0  5
       2  2  3  1  5  7  8 (9)
    4  5  6  6  9  2  1  2 (7)
    3  3  2  1  0  4  9  0  8
 +     7  0  3  2  0  4  4  4
 ─────────────────────────────
```

找出相加是 10 的组合吧

						3	7	← 个位的数之和
3	1	← 十位的数之和
3	7	← 百位的数之和
2	3	← 千位的数之和
2	7	← 万位的数之和
2	4	← 十万位的数之和
2	6	← 百万位的数之和
2	9	← 千万位的数之和
7		← 亿位的数之和

```
 1  0  1  8  6  9  7  0  4  7
```

"方法很简单。首先把位于个位的数全部加起来。由于可以以任意顺序相加，所以可以先找出加起来是10的组合，这样算起来就轻松了。你看，第3行的1和第5行的9相加得到10，第2行的3和第6行的7相加也得到10。剩下的5、8、4相加等于17。因此，个位上的数相加的结果为 $10 + 10 + 17 = 37$。

"通过同样的方法，算出十位上的数的和是31。继续用同样的方法，将剩下的数位上的数之和都计算出来。注意要按照图上的方法写出结果。

"写完之后，按照刚才简单例题中的方法，竖着算出各个数位上的数的和，再写下来，就能得到最终答案啦。

"无论是多大的数，无论这些数有多少位，我们都可以这样计算加法。"乔治说。

"我觉得用计算器或者电脑来算会更快。"小堇说。

"确实，但光是用纸笔就能进行这么复杂的计算，不是很厉害吗？"乔治说。

"原来如此，确实很厉害啊。"小堇心想。

"你还有其他疑问吗？"安娜问，"如果没有的话，那么恭喜你，你已经掌握加法啦。接下来我们要学习减法。不过我们先喝点儿东西，休息一会儿吧。"

安娜倒了三杯大麦茶，分给了乔治和小堇。

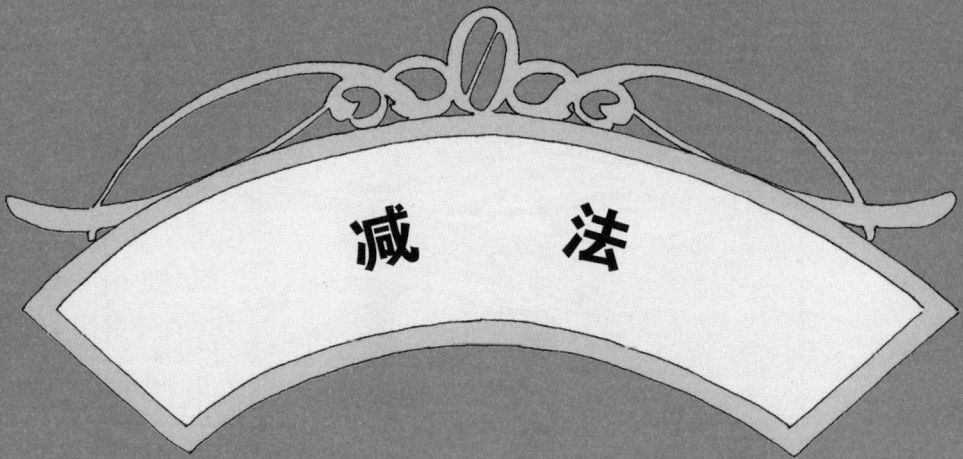

减   法

　　小董从没有熬夜到这么晚，可不知道为什么，今天一点儿都不觉得困，甚至不觉得累。

　　数学乐园里的每一栋楼的设计都不同，但外形都很时尚，小董很喜欢，她认为要是学校里的教学楼也是这样的就好了。

　　小董跟着安娜和乔治进入了挂着"减法"牌子的大楼。和之前那几栋楼一样，大厅里有一块大屏幕，上面显示着：

减法是什么？

2 + 3 = 5 便意味着 5 - 2 = 3 同样成立。

5 - 2 = 3 读作"5 减 2 等于 3"。

这样的运算就叫减法。

　　"减法就是已知加法的和与一个加数，求另一个加数的运算。"安娜说。

"2加上3可以得到5，对吧？在这三个数中，我们只要知道其中两个，就可以通过加法或者减法得到剩下的那个数。比方说，知道2和3，我们可以用加法算出它们的和是5；要是我们想知道2加上几得到5，就可以用减法算出答案是3。所以说，只要我们学会了加法，就等于学会了减法，因为二者密切相关。"

"之前我们学了一位数加法表，对吧？只要能把加法表背出来，就自然而然会做减法了。"安娜说，"看看这个。"

安娜点击了一下屏幕，上面又出现了新的内容。

"这张一位数减法表没有必要去背，可以通过一位数加法表推算出来。"安娜说，"还有一个问题，一个数减去0会得到什么？0这个数通常表示什么都没有，比方说，在算式5 + 0 = 5中，和还是5。同样，5减去0也不会发生任何变化，所以5 − 0 = 5。"

✳ 加法和减法的区别

"加法和减法的最大区别是，"安娜说，"在小学阶段，做减法的时候，会有无法计算的情况出现。

"做加法的时候必定能够得出答案。不管什么样的数都可以相加，并得出结果。然而，在小学阶段做减法的时候，不可以用小的数减去大的数，比如3 − 5就是不行的。"

"我还没遇到过这样的情况。"小堇说。

一位数减法表

9 - 1 = 8 ← 1 + 8 = 9	8 - 1 = 7 ← 1 + 7 = 8	7 - 1 = 6 ← 1 + 6 = 7
9 - 2 = 7 ← 2 + 7 = 9	8 - 2 = 6 ← 2 + 6 = 8	7 - 2 = 5 ← 2 + 5 = 7
9 - 3 = 6 ← 3 + 6 = 9	8 - 3 = 5 ← 3 + 5 = 8	7 - 3 = 4 ← 3 + 4 = 7
9 - 4 = 5 ← 4 + 5 = 9	8 - 4 = 4 ← 4 + 4 = 8	7 - 4 = 3 ← 4 + 3 = 7
9 - 5 = 4 ← 5 + 4 = 9	8 - 5 = 3 ← 5 + 3 = 8	7 - 5 = 2 ← 5 + 2 = 7
9 - 6 = 3 ← 6 + 3 = 9	8 - 6 = 2 ← 6 + 2 = 8	7 - 6 = 1 ← 6 + 1 = 7
9 - 7 = 2 ← 7 + 2 = 9	8 - 7 = 1 ← 7 + 1 = 8	
9 - 8 = 1 ← 8 + 1 = 9		

6 - 1 = 5 ← 1 + 5 = 6	5 - 1 = 4 ← 1 + 4 = 5	4 - 1 = 3 ← 1 + 3 = 4
6 - 2 = 4 ← 2 + 4 = 6	5 - 2 = 3 ← 2 + 3 = 5	4 - 2 = 2 ← 2 + 2 = 4
6 - 3 = 3 ← 3 + 3 = 6	5 - 3 = 2 ← 3 + 2 = 5	4 - 3 = 1 ← 3 + 1 = 4
6 - 4 = 2 ← 4 + 2 = 6	5 - 4 = 1 ← 4 + 1 = 5	
6 - 5 = 1 ← 5 + 1 = 6		

3 - 1 = 2 ← 1 + 2 = 3	2 - 1 = 1 ← 1 + 1 = 2	
3 - 2 = 1 ← 2 + 1 = 3		

"没错，小学的时候我们只要学到这里就可以了。"乔治摸了摸小堇的头，"你上了初中就会知道，小的数也可以减去大的数。不过现在的话，'小的数不能减去大的数'是没问题的。"

"为什么现在小的数不能减去大的数呀？"小堇问。

"因为在小学阶段，0 是我们学到的最小的数。2 − 2 = 0 是因为 2 + 0 = 2。当计算 2 − 5 的时候，就找不到对应的加法算式了。

"我们还没有学到比 0 更小的数，所以没有办法进行这样的减法运算。这个算式的答案不在我们学过的数的范围里。"

"因为还没有学到，所以没有办法计算。"小堇似懂非懂。

✳ 欠别人 5 元会怎样？

"今天我们破例来思考一下，为什么会存在比 0 更小的数呢？"乔治弯腰看着小堇。

"要怎么思考呀？"小堇疑惑地转了转眼珠。

"假设现在我往你的口袋里放 2 枚 1 元硬币，也就是 2 元。"

"嗯！"

"现在你有 2 元，对吧？"

"对！"

"这个时候，假如你的朋友来找你，说'请把昨天借给你的 5 元还我'，那你该怎么做呢？"

"嗯……我想想。"

"要是这个时候你口袋里有 5 元的话，就正好可以把前一天借的 5 元还上了。

"等你还完钱，口袋里也就空了。虽然你有 5 元，但是你欠别人的钱也是 5 元，$5-5=0$，所以你口袋里什么都不剩了。你实际剩余的钱就是 0 元。

"可是，现在你口袋里只有 2 元，对吧？你没有办法把借的 5 元都还上，所以这种情况比什么都不剩还要糟糕！即使你还了 2 元，还是欠了朋友 3 元。因此，虽然你的状态是口袋里空空如也，实际上你是'欠了 3 元'的状态。

"为了表示类似欠款的这种状态，我们需要使用比 0 还小的数，也就是负数。"乔治继续说。

"在'欠了3元'的情况下,你拥有的钱实际上是 -3(负三)元。与负数相对的就是正数,不过一般我们读正数的时候会省略'正'字。"

"我知道负数!冬天气温低的时候,经常会听到'-2 ℃''-5 ℃'这样的词。虽然一般读作'零下多少摄氏度',但也有读作'负多少摄氏度'的情况。"小堇说。

乔治按下按钮后,屏幕上出现了下面的图片。

负　　数

①①①①①　← 5 元欠款

~~①~~ ~~①~~ ○ ○ ○　←口袋里的 2 元
　　　　-1　-1　-1

因为有欠款,所以实际拥有的钱比 0 元还要少 3 元。这就是"拥有 -3 元"。

写成算式就是

$$2 - 5 = -3$$

（2 减 5 等于负 3）

"不过，现实生活中并不存在能直接表示 -3 元的钱币。现实中只存在 1 元、5 元、10 元、20 元……而这些钱的面值全都是正数。即便如此，我们还是要考虑负数的钱，因为现实中存在借钱这种行为。在大人的世界中，无论个人还是公司，都有需要借钱的情况。"

乔治继续说："对绵羊来说也是一样的。世界上不存在 -3 只绵羊，那么 -3 只绵羊意味着什么呢？

"想象一下，你在牧场里饲养了 2 只绵羊，上个月你的朋友又在你这里寄养了 5 只绵羊。然而，就在上个星期，这 5 只绵羊全都生病死掉了！可是，你下个月必须还给你的朋友 5 只绵羊。那么你实际拥有几只绵羊呢？ 2 减去 5，比起 0 只还少了 3 只，也就是拥有 -3 只绵羊。"

✳ 多位数的减法

安娜说："像 5 - 3、8 - 4 这种'一位数减一位数'的减法，你应该已经会做了。我们来做做'两位数减两位数'的减法吧。"

安娜点击了一下按钮，屏幕上便出现了两道两位数减两位数的例题。

两位数减两位数

①
```
   3 8
 - 2 5
 ─────
     3
   1
 ─────
   1 3
```

②
```
   6 2
 - 2 5
 ─────
     7    (12-5)
   3      (6-1-2)
 ─────         5
   3 7
```

不用借位　　　　　　　需要从十位借 1

"第一道例题，38－25 是不需要借位的减法。先计算个位，8－5 得到 3，再计算十位，3－2 得到 1，因此答案就是 13。

"第二道例题，62－25 需要借位。

"62 和 25 相比，62 更大，所以 62 减去 25 是没问题的。然而，当我们只看个位数时会发现，2 无法直接减去 5。这个时候就要从左边的十位借 1，计算 12－5 的结果。到这一步为止有问题吗？"

"做减法某一位不够减的时候要向前一位借位，我明白。"小堇点了点头。

安娜继续说："那么，我们来看多位数减法的例题 103－25 吧。

多位数的减法

```
  1̇ 0̇ 3
-   2 5
------
      8    (13-5)
      7    (10-1-2)
------        9
    7 8
```

先从百位借1，
再从十位借1

"103 和 25 相比，103 更大，所以 103 可以减去 25。

"可是，我们做减法时会发现，个位 3 - 5 减不了。从十位借位时又发现十位数是 0，借不了。

"这个时候，我们就要从十位左边的百位去借 1。这样一来，就可以把 100 看作十位是 9，个位是 10 这种形式。9 个 10 是 90，10 个 1 是 10，将两者相加，不多不少正好是 100。

"这样一来，个位借到了 10，可以看作 13，13 - 5 得到 8，我们就把 8 写在个位上。十位变成了 9 - 2，得到 7，我们就把 7 写在十位上。由此，我们就能得到最终答案 78。明白了吗？"

"要向前一位的前一位借位有点儿容易算错，"小董说，"不过，我学会了。"

"刚才我们做的是三位数减两位数的减法，当我们做更大的数的减法时，向前一位借位这个方法是不变的。"安娜说。

✳ 加减混合只要减一次

"当加法和减法混合在一起的时候，比方说你分好几次拿到了零花钱，又分好几次拿这些零花钱去买东西了，这种情况下该怎么计算剩余的钱呢？"乔治按下按钮，屏幕上显示出了新的算式。

加减混合运算

$$100 + 4 - 2 + 8 - 7 + 5 - 6 - 4$$
$$= 100 + 4 + 8 + 5 - 2 - 7 - 6 - 4$$
$$= 100 + 4 + 8 + 5 - (2 + 7 + 6 + 4)$$

- 在加法和减法混合的算式中，可以调换数的顺序，将加数和减数分组。
- 把减数加在一起减和一个一个分别减，得到的结果是相同的。
- 把减数全部加在一起后，减法只要在最后做一次就可以了。

　　"这样一来，我们就可以先把部分减法转换为加法，只在最后做一次减法就可以了。"乔治说，"有关减法的学习就到这里啦。"

　　小堇本以为还有好多减法知识要学，听到这话，她稍稍松了口气。

　　"接下来我们要学乘法啦。"安娜说。

　　三人离开挂着"减法"牌子的大楼，走向挂着"乘法"牌子的大楼。

　　在路上，小堇总觉得想说些什么，于是，她情不自禁地唱起歌来：

　　　　减法呀，减法呀，减法是加法的逆运算。

　　　　会加法就会减法，会加法就会减法。

　　　　减法呀，减法呀，不够减了要借位。

　　　　借位有些小麻烦，借来后就简单啦。

　　　　轻轻松松，简简单单，就完成啦。

　　这是小堇第一次边走边唱歌，放声高歌的感觉真不错。

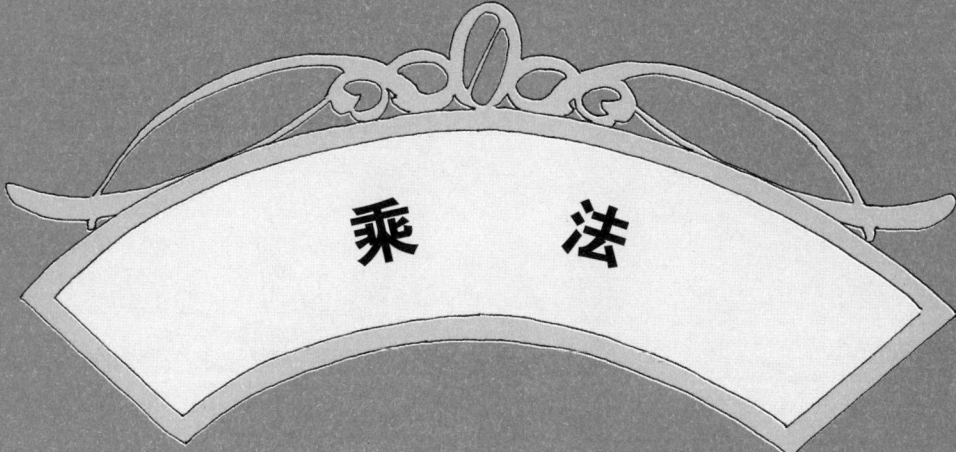

乘　法

"乘法"大楼就在"减法"大楼的后面不远处。

小堇记得自己在学校里花了相当长一段时间才学会乘法,因为要背九九乘法口诀,还要做好多练习。

比起加法和减法,小堇觉得乘法更难以理解。小学二年级前她没有学过乘法,在生活中也没有任何不便。所以她有些质疑,生活真的离不开乘法吗?

✳ 乘法是什么?

这样想着,小堇跟着安娜和乔治走进了挂着"乘法"牌子的大楼,一块屏幕映入眼帘。

乔治转过身问:"小堇,你学过乘法了吧?"

"嗯,学过了。"

"我们先复习一下,2乘3得几?"

"6。"

"为什么呢?"

这还用说吗? 2乘3当然等于6啦。但是要怎么解释才好呢?小堇想不出来,便反问道:"你说是为什么呢?"

乔治微微一笑:"我来解释一下。来看这边。"

乔治按了一下按钮,屏幕上便出现了一张图。

"我们可以把1块瓷砖看成1,这些瓷砖正好排列成了长方形。

乘法是什么？

2

3

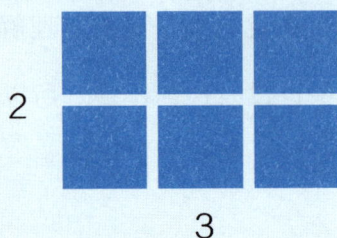

当很多相同的瓷砖排列成长方形的时候，只要数一数纵向有几块瓷砖（2）、横向有几块瓷砖（3），就能算出一共有几块瓷砖（6）。这种计算方法就是乘法。

写成算式就是这样的：

$$2 \times 3 = 6$$

（2乘3等于6）

你看，纵向有几块瓷砖呢？"

"有2块。"

"横向呢？"

"有3块。"

"一共有多少块瓷砖呢？数数看。"

小堇虽然觉得一眼就能看出有几块，但还是照做了。

"1，2，3，4，5，6，一共有 6 块。"

"没错。纵向 2 块、横向 3 块的话一共就是 6 块。即使不一块块数也能知道数量，也就是 2×3 = 6。

"这样的话，我们只要知道纵向有几块瓷砖、横向有几块瓷砖，不用一块块去数，就能计算出瓷砖的总数。你想，要是有几万块瓷砖，还要一块块去数的话，岂不是很麻烦？现在我们通过计算就能知道数量，可以省不少工夫。"

✳ 只要会背九九乘法口诀，就能做所有乘法

"乘法的基础是九九乘法口诀。九九乘法表是将所有一位数相乘的结果都罗列出来的表格，你已经学过了吧？"安娜问。

"嗯。"

"我这里有一张九九乘法表，一起来看一下吧。"

安娜按下按钮后，屏幕上出现了一张表格。

小堇看着九九乘法表,陷入了沉思。她想起背这张表她用了好久，尤其是 7 和 8 两列，她总是记混。

看到小堇有些犯难，安娜安慰她："只要牢牢记住这张表格，无论计算多大的数的乘法，都不是问题了哟。"

"我没有做过大数的乘法。"小堇说。

九九乘法表

1×1 = 1	2×1 = 2	3×1 = 3	4×1 = 4	5×1 = 5
1×2 = 2	2×2 = 4	3×2 = 6	4×2 = 8	5×2 = 10
1×3 = 3	2×3 = 6	3×3 = 9	4×3 = 12	5×3 = 15
1×4 = 4	2×4 = 8	3×4 = 12	4×4 = 16	5×4 = 20
1×5 = 5	2×5 = 10	3×5 = 15	4×5 = 20	5×5 = 25
1×6 = 6	2×6 = 12	3×6 = 18	4×6 = 24	5×6 = 30
1×7 = 7	2×7 = 14	3×7 = 21	4×7 = 28	5×7 = 35
1×8 = 8	2×8 = 16	3×8 = 24	4×8 = 32	5×8 = 40
1×9 = 9	2×9 = 18	3×9 = 27	4×9 = 36	5×9 = 45

6×1 = 6	7×1 = 7	8×1 = 8	9×1 = 9	
6×2 = 12	7×2 = 14	8×2 = 16	9×2 = 18	
6×3 = 18	7×3 = 21	8×3 = 24	9×3 = 27	
6×4 = 24	7×4 = 28	8×4 = 32	9×4 = 36	
6×5 = 30	7×5 = 35	8×5 = 40	9×5 = 45	
6×6 = 36	7×6 = 42	8×6 = 48	9×6 = 54	
6×7 = 42	7×7 = 49	8×7 = 56	9×7 = 63	
6×8 = 48	7×8 = 56	8×8 = 64	9×8 = 72	
6×9 = 54	7×9 = 63	8×9 = 72	9×9 = 81	

安娜满脸自信，仿佛在说"包在我身上"："没有关系，我们会好好教你的。"

涉及学校里没有学过的知识点，小堇不免有些不安。

安娜温柔地说："我们先从两位数乘两位数的乘法开始吧，比如说 14×23。"

乔治插话道："在学习用竖式计算乘法之前，我们先用瓷砖来说明两位数乘两位数的乘法究竟是怎么回事吧。"

屏幕上出现了一张新的图片。

"以 14×23 为例，两位数乘两位数的乘法可以分成四个部分：

"第一部分是 10×20，代表一个纵向 10 块瓷砖、横向 20 块瓷砖的长方形；

"第二部分是 4×20，代表一个纵向 4 块瓷砖、横向 20 块瓷砖的长方形；

"第三部分是 10×3，代表一个纵向 10 块瓷砖、横向 3 块瓷砖的长方形；

"第四部分是 4×3，代表一个纵向 4 块瓷砖、横向 3 块瓷砖的长方形。无论哪一部分，只要掌握了九九乘法口诀都能立刻得出答案。

用瓷砖表示乘法

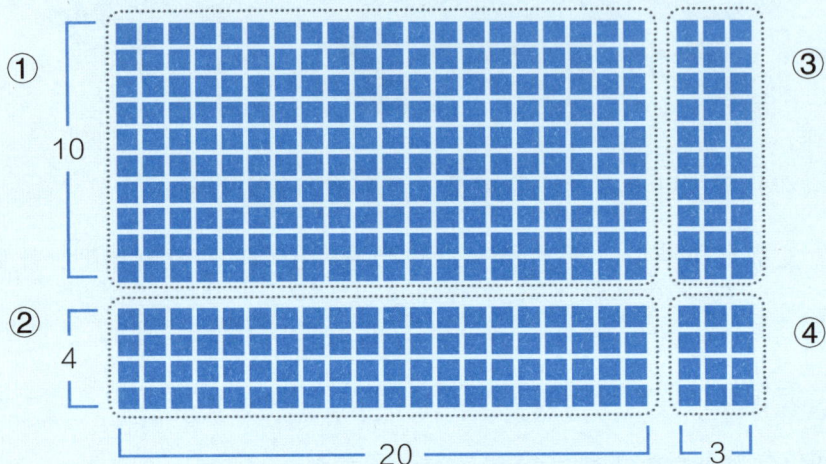

　　用瓷砖摆成的大长方形，纵向有 14 块瓷砖，横向有 23 块瓷砖。组成这个大长方形的瓷砖的数量就是 14×23 的乘积。

　　第①部分瓷砖的数量为 $10×20=200$，

　　第②部分瓷砖的数量为 $4×20=80$，

　　第③部分瓷砖的数量为 $10×3=30$，

　　第④部分瓷砖的数量为 $4×3=12$。

　　将以上得数相加，就可以得到最终答案：322。

"把四个部分的乘积相加，就可以算出最终结果。这一步是做加法，一点儿都不难。问题就这样解决啦。"

在乔治的解释下，小堇渐渐懂了。但是想要独自搞懂这部分内容，应该很难吧？

✳ 将乘法和加法分开算会很简单

"我们可以使用横式把刚才瓷砖的例子再解释一遍。"乔治说，"你看这个。"

屏幕上出现了下面的内容。

把乘法分解成多步加法

$$14 \times 3 = (10 + 4) \times 3 = 10 \times 3 + 4 \times 3$$

不直接计算 14×3，而是将 14 分成 10 和 4，将算式拆解成 $10 \times 3 + 4 \times 3$ 来计算。同样的道理，

$$14 \times 23$$

$$= (10 + 4) \times (20 + 3)$$

$$= 10 \times (20 + 3) + 4 \times (20 + 3)$$

$$= 10 \times 20 + 10 \times 3 + 4 \times 20 + 4 \times 3$$

有（　）的时候先计算（　）里的部分。没有（　）的时候先计算乘法 (×)，再计算加法 (+)。

"两位数的乘法，可以用（　）和 + 拆解算式。这样一来，就可以像屏幕上演示的那样，将复杂的两位数乘两位数的乘法变成 4 组简单的乘法之和了。这就是我刚才通过瓷砖想要说明的内容。"乔治说。

"到这一步为止，你都明白了吗？"

小堇觉得自己好像懂了，但是她并没有回答，毕竟这部分知识还没有在学校里学过，她心里没底。

✳ 用竖式来做乘法

"我们再学习用竖式计算 14×23。"安娜提议道。

"写竖式的时候，个位对个位，十位对十位，将两个乘数的数位纵向对齐。

"做乘法时，首先要按顺序将下面的乘数的个位数和上面的乘数的个位数、十位数依次相乘，然后将下面的乘数的十位数和上面的乘数的个位数、十位数依次相乘。

两位数乘两位数（14×23）

```
      1 4  ← 乘数
  ×   2 3  ← 乘数
  ─────────
      1 2  ← 3×4
      3    ← 3×1（实际上是 3×10）
      8    ← 2×4（实际上是 20×4）
    2      ← 2×1（实际上是 20×10）
  ─────────
    3 2 2
```

乘法要算 4 次！

乘法计算的进位只在 3×4 的时候产生。

"在两位数乘两位数的乘法竖式计算中，需要运用九九乘法口诀进行 4 次乘法运算。只要不搞错进位，就一定能得到正确的答案。"安娜解释。

"嗯。"

"14×23 在计算中进位很少，比较简单。我们再来练习一个更复杂的乘法竖式吧。"

安娜在屏幕上放映了另一个乘法竖式。

两位数乘两位数（87×96）

$$
\begin{array}{r}
87 \\
\times\ 96 \\
\hline
42 \quad \leftarrow 6\times7 \\
48 \quad \leftarrow 6\times8 \\
63 \quad \leftarrow 9\times7 \\
72 \quad \leftarrow 9\times8 \\
\hline
8352
\end{array}
$$

在学校里学到的写法⬇

$$
\begin{array}{r}
87 \\
\times\ 96 \\
\hline
522 \\
783 \\
\hline
8352
\end{array}
$$

计算 6×7 和 9×7 的时候出现进位

乔治说："计算三位数乘三位数和计算两位数乘两位数的乘法步

骤一样。试着用竖式来计算一下吧。"

屏幕上出现了一道三位数乘三位数的乘法题。

三位数乘三位数（345×678）

```
        3 4 5
    ×   6 7 8
    ─────────────
          4 0  ←8×5
        3 2    ←8×4
      2 4      ←8×3
        3 5    ←7×5
      2 8      ←7×4
    2 1        ←7×3
      3 0      ←6×5
    2 4        ←6×4
  1 8          ←6×3
  ─────────────
  2 3 3 9 1 0
```

在学校里
学到的写法⬇

```
        3 4 5
    ×   6 7 8
    ─────────────
      2 7 6 0  ←8×345
      2 4 1 5  ←7×345
    2 0 7 0    ←6×345
    ─────────────
    2 3 3 9 1 0
```

三位数乘三位数的乘法要用九九乘法口诀进行 9 次乘法运算。

"在计算三位数乘三位数的乘法时，一共要使用九九乘法口诀进行 9 次乘法运算，才能得到答案。

"你会在小学中高年级学到这个知识点，一定要好好学习哟。"乔治继续说，"当你掌握了两位数、三位数的乘法之后，在计算四位数甚至更多位数的乘法时，都能用同样的方法算出结果。总而言之，就是反复使用九九乘法口诀，多用几次就可以得出结果了。你一定可以做到的。"

"原来如此。"本以为数学会越来越难，这下小堇放心了。安娜看到小堇松了口气的样子，也微微扬起了嘴角。

✳ 只用加法不行吗？

乔治说："既然你已经学会了乘法，那就再深入思考一下乘法和加法之间的关系吧。我们可以认为，乘法是一种把加法变得简便的运算方法。"

屏幕上出现了新的画面。

"无论使用哪种方法，都可以计算出排列成长方形的瓷砖有多少块。

"一种方法是将 3 块瓷砖排成 1 列，共有 4 列，将 4 个 3 相加。这种方法会随着列数的增加而变得越来越麻烦。

"另一种方法则是数出长方形的长和宽分别对应几块瓷砖，通过

乘法和加法的关系

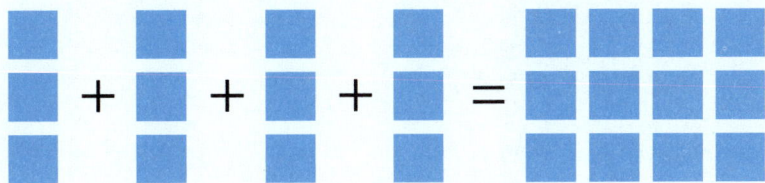

$$3 + 3 + 3 + 3 = 3 \times 4$$

计算 3×4 相当于计算 4 个 3 相加。

乘法计算出瓷砖的总数。这种方法要简单得多。"

乔治继续说明："比起将同一个数字不断相加，使用乘法计算要轻松得多。'选择轻松的方法'是数学乐园的格言。"

安娜说："乘法已经掌握了吧？那么接下来我们要学习除法了。"

乘法已经学完了？小董暗自惊讶。明明才开始学习乘法没多久，她以为还有很多不知道的知识呢。

不过一想到辛苦背诵的九九乘法表大有用处，小董感到很欣喜。而且，除了已经学过的九九乘法口诀和加法，乘法的计算似乎并不需要运用其他的知识点。虽然小董才过了九岁生日，却感觉自己已经变得很厉害了。于是，她又忍不住唱起歌来：

乘法啊，乘法啊，

重复用九九和加法，

所以十分简单啊。

乘法啊，乘法啊，

只要知道长方形，

纵向是几，横向是几，

就能知道有几块，有几块，

所以十分方便啊。

比加法更简单，更简单。

唰唰，唰唰，乘好啦。

不假思索地唱出流畅的歌词，小董认为这种感觉真是很奇妙。

安娜跟着小董的歌声，跳起了轻快的舞步。

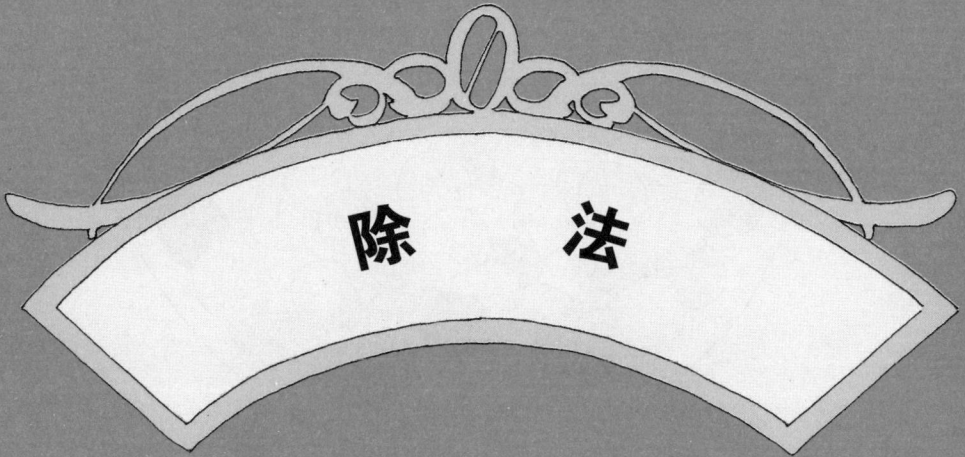

除　　法

离开"乘法"大楼时，小堇发现，夜空中的月亮好像依旧挂在之前的位置。

"除法"大楼就在旁边。三人走进去之后，还是一如既往地看到了一块屏幕。

乔治按下按钮后，屏幕上出现了文字。

除法与乘法

除法是乘法的逆运算。能做乘法，就能做除法。

乔治说："除法是乘法的逆运算。就像减法是加法的逆运算一样，只要会乘法，就会除法。明白了这一点，除法就很简单了。"

"逆运算，究竟是哪里逆过来了呢？"小堇想。

"但是除法会有除不尽的情况，这就有些麻烦。"小堇脱口而出。

"没错。你连这个知识点都掌握了啊。"乔治拍了拍小堇的肩膀。

"看，有余数的除法是这么一回事。

"能否将瓷砖摆成一个长方形，取决于一共有多少块瓷砖，还有每列摆多少块瓷砖。瓷砖的总数量叫作被除数，而每列瓷砖的数量

除法是什么？

如果将 6 块瓷砖以 2 块为一列摆放，能放多少列？

能放 3 列。

写成算式，就是这样：

$$6 \div 2 = 3$$

（6 除以 2 等于 3）

这就是除法。

这和乘法的 2 × 3 = 6 是一回事，所以乘法也是除法的逆运算。

叫作除数。如果正好可以摆成长方形，我们就说这个除法算式可以整除，而不能摆成长方形的时候则说这个算式有余数。

有余数的除法

如果将 7 块瓷砖以 2 块为一列摆放，能放几列？

能放 3 列，还多出来 1 块。

如果写成算式，就是这样：

$$7 \div 2 = 3 \cdots\cdots 1$$

（7 除以 2 等于 3 余 1）

"余数也是答案的一部分，千万不要忘记写。"

✳ 除法的验算

"想要确认除法算得对不对，就可以运用我们接下来看到的这个公式。"乔治说，"另外，检验计算题做得对不对的计算叫作验算。"

除 法 验 算

想要确认有余数的除法计算得对不对，可以这样
验算：

$$7 \div 2 = 3 \cdots\cdots 1$$

$$\downarrow$$

$$3 \quad \times \quad 2 \quad + \quad 1 \quad = \quad 7$$

（商）　　（除数）　（余数）　　　（被除数）

（商就是除法的不包含余数的结果）

✳ 除法的竖式

安娜说："小堇，我们来学习用竖式算除法吧。"

小堇点了点头。

"我们先来做除数和被除数都是一位数的除法吧。"安娜说，"这
和用横式写出来是一样的。"

"嗯。"

小堇仔细观察了一下除法的竖式。表面上是做除法，实际上是
做了一次乘法（2×3＝6）和一次减法（7－6＝1）。

那么，除法就是乘法和减法的结合吗？乘法、减法现在自己都
会算，小堇感觉更有信心了。

除法的竖式（1）

$$\begin{array}{r} 3 \\ 2{\overline{\smash{\big)}\,7}} \\ \underline{6} \\ 1 \end{array}$$

（在 7 里有 3 个 2，所以在 7 的上方写上 3）

（因为 2×3＝6，所以在 7 的下方写上 6）

（因为 7－6＝1，所以在余数的地方写上 1）

"接下来，我们来做被除数更大的除法吧。"安娜说。

"看这个竖式，1234 除以 7。

"从被除数最左边的数位开始计算。因为 1 里面没有 7，所以跳过千位。看前两位，12 里有几个 7 呢？有 1 个，所以就在 12 的 2 上面写上 1。7×1＝7，所以在 2 的下面写上 7。

"接下来做减法。因为 12－7＝5，所以在 7 的下面写上 5。把十位上的 3 移下来，写在 5 的右边。

"下一步，53 里有几个 7 呢？有 7 个。由于 7×7＝49，所以在被除数中的 3 上面写上 7，随后在 53 的下面写上 49。

"继续做减法。因为 53－49＝4，所以在 9 的下面写上 4。再把个位上的 4 移下来，写在 9 下面的 4 的右边。

除法的竖式（2）

$$
\begin{array}{r}
1\,7\,6 \\
7\,)\overline{1\,2\,3\,4} \\
7 \\
\hline
5\,3 \\
4\,9 \\
\hline
4\,4 \\
4\,2 \\
\hline
2
\end{array}
$$

（在 12 里有 1 个 7）

（在 53 里有 7 个 7）

（在 44 里有 6 个 7）

（余数）

　　"下一步，44 里有几个 7 呢？有 6 个。因为 $7 \times 6 = 42$，所以在被除数中的 4 上面写上 6，然后在 44 的下面写上 42。因为 $44 - 42 = 2$，所以在 2 的下面写上 2。

　　"这样就完成了。最后的 2 是余数。

　　"因此，这道除法题的答案是'176 余 2'。

"如果将这道题写成横式的话，就是下面这样。

除法的横式

$$1234 \div 7 = 176\cdots\cdots2$$

（1234 除以 7 等于 176 余 2 ）

"通过竖式计算除法，只需要重复进行乘法和减法运算，可以说除法是乘法和减法的结合。因此，九九乘法口诀在除法中也特别重要。"

"原来如此。"

确认了只要会乘法和减法就能进行除法运算，小堇感到很开心，她开始觉得除法也是一种相当简单的运算。

虽然这是在学校没学过的知识，但是听完解释就懂了。小堇觉得自己变得更加聪慧了。

✳ 多位数除法也不用怕

在数学乐园里，无论是在学校里学过的知识，还是没学过的知识，都会出现。

"接下来，我们来做一道除数是两位数、被除数是六位数的除法题吧。"

屏幕上显示出了这样一道题。

多位数的除法

$$78\overline{)123456}$$

"在除法计算中，最费时间的就是试商。"安娜说。

"在这个例子中，因为除数是两位数，所以我们先从被除数的前两位开始看，12 里没有 78，需要再往后看一位，而在 123 中有 1 个 78，所以要在 3 的上面写一个 1。如果用 2 来试商，就会出现不够减的情况。

"从 123 中减去 78，得到 45，再从最上面把 123 后面的 4 移下来，组成 454。这里面有几个 78 呢？我们通过估算可以算出有 5 个，于是在被除数的 4 的上面写上 5，通过计算得出 $78 \times 5 = 390$，把这个结果写在 454 的下面。$454 - 390 = 64$，再把 64 写在下面……如此往复，算到最后一位。"

乔治说："估算出 454 里有 5 个 78，也是有诀窍的。78 向上取整为 80，而 454 向下取整为 450。参考 $80 \times 5 = 400$，$80 \times 6 = 480$，

分 步 试 商

```
         1 5 8 2
78 ) 1 2 3 4 5 6      （在 123 里有 1 个 78）
     7 8
     4 5 4              （在 454 里有 5 个 78）
     3 9 0
     6 4 5              （在 645 里有 8 个 78）
     6 2 4
     2 1 6              （在 216 里有 2 个 78）
     1 5 6
       6 0
```

我们就会知道，5 可能是正确答案。

"一开始可能觉得试商有些难，多练习就能慢慢掌握诀窍啦。"

$$123456 \div 78 = 1582 \cdots\cdots 60$$

验算：

$$1582 \times 78 + 60$$

$$= 123396 + 60$$

$$= 123456$$

✳ 除法的余数去哪儿了？

小董有一个疑问："除法的余数余下来之后，该怎么办呢？"

要是余数没有地方去了，那就太可怜了。

乔治说："那要根据具体的应用场景来判断。

"我们假设现在有 7 颗糖，你要和小枫分享这些糖，用除法表示就是 $7 \div 2$，对吧？虽然你们想一人分一半，但你和小枫每人拿走 3 颗糖后，最后还剩下 1 颗，这时该怎么办呢？

"因为你是姐姐，所以要多拿 1 颗？还是让着妹妹，让小枫多拿 1 颗？或者来猜拳，赢的人多拿 1 颗？与其说这是数学的问题，不如说是家庭或者社会的问题。要如何处理余数，你需要好好思考。"

乔治继续说道："刚刚我们做了一道六位数除以两位数的除法题。用同样的方法，无论除数和被除数有多少位的除法我们都能算出来。结果也许有余数，也许没有余数。总之，只要掌握九九乘法口诀和减法，就可以算出任何除法算式的结果。"

安娜补充道："我们现在看到的除法有出现余数的情况，等你学了分数，你就会知道除法的结果可以完全不出现余数。"

"真的吗？"小堇有些好奇。

那可真是太厉害了。除法的余数总让人觉得不够简洁，还是没有余数的除法更利落。

安娜继续说："但这样一来，除法的结果可能就要变成分数了。

"我们要去的下一个地点就是'分数'大楼，等我们到了那儿再说吧。"

这时，屋外传来一阵"轰隆"的声音。

"那是什么声音？"小董问。

"偶尔会出现这样的事，"安娜叹气道，"不过不用担心。只要在楼里，我们就很安全。过一会儿我再告诉你这是怎么回事。"

☀ 乘法、除法互换顺序也无妨

乔治说："最后来看一下乘法和除法混合在一起的算式吧。"

屏幕上出现了新的内容。

"像这样既有乘法又有除法的算式，改变乘和除的顺序并不会影响结果。"乔治说。

乘除混合运算

$$120 \times 3 \div 6 \times 17 \div 7 \times 13 \div 5 \div 2$$

$$= 120 \times 3 \times 17 \times 13 \div 6 \div 7 \div 5 \div 2$$

· 可以改变顺序

$$= (120 \times 3 \times 17 \times 13) \div (6 \times 7 \times 5 \times 2)$$

· 也可以先做乘法，最后再做一步除法

"这个规律特别有用，我们以后经常会用到。"

"刚才在加减混合运算中也学过类似的知识点。"小堇想。

在乘法和除法混合在一起的算式里，也可以把所有的乘法和除法重新分组再计算。这样一来，计算就会变得简单。

这样想着，小堇又一次想要唱歌。这次她唱出了这样一首歌：

除法，除法，

就是乘法和减法。

用九九乘法口诀就能算，

记得还要用减法。

除法，除法，

竖式写法要记牢。

从被除数的最高位开始除，

找出除数有几个，有几个。

反复计算，除完啦。

所以除法啊，除法啊，

好简单呀，好简单。

"接下来就轮到分数的教学了。"安娜说。

三个人顺着小路，走向下一栋大楼。

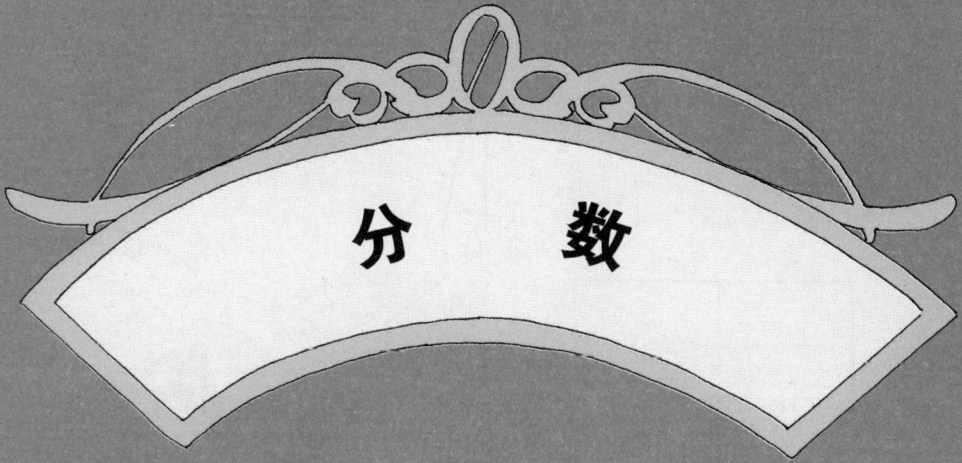

分 数

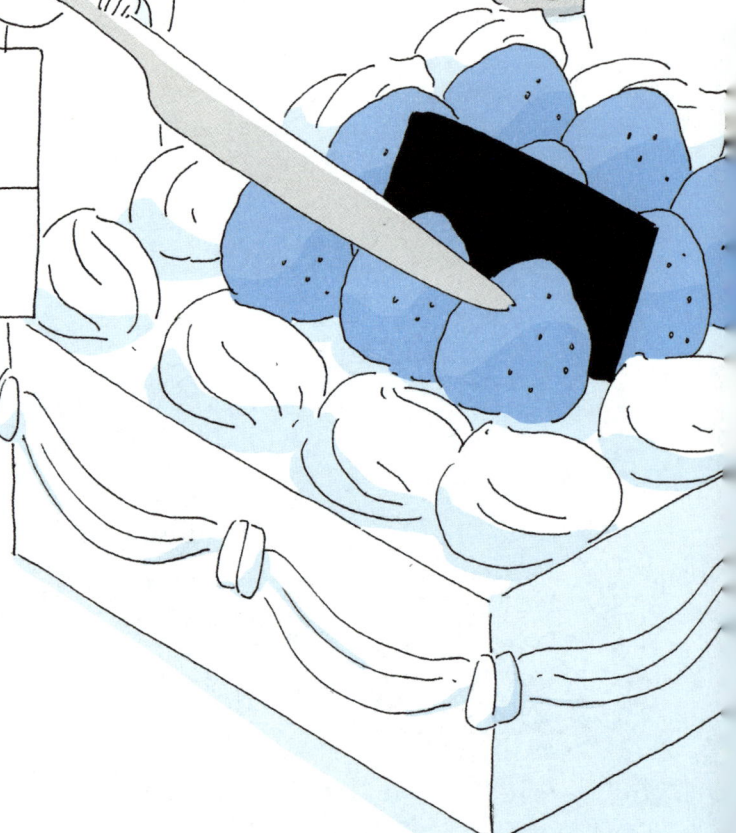

小堇离开"除法"大楼后，看到稍远处的地上有一个看起来像机器的黑色东西在冒烟。它似乎是从空中坠落的。

"那是什么？"小堇问。

"是无人机。它们时不时会飞过来，坠落在数学乐园里。"安娜回答。

"我们赶紧去楼里吧！"小堇说。

沿着小路走了一段后，他们看到了"分数"大楼。这栋楼的屋顶形似洋葱。

进入大厅后，果然又有一块屏幕，上面显示着：

分　　数

没有比分数更方便的数了。

分数的优势是

在做乘除法时格外简单。

小学学到的所有数

几乎都可以转换成分数。

请多多使用分数。

　　小堇想："这怎么这么像广告？不过，在做乘除法时格外简单这一点听起来很不错呢。"

　　接着，屏幕上又出现了下面的内容：

分数是什么?

$$1 \div 2 = \frac{1}{2} \begin{aligned} &\cdots\cdots \text{分子} \\ &\cdots\cdots \text{分数线} \\ &\cdots\cdots \text{分母} \end{aligned}$$

$\frac{1}{2}$ 等同于 $1 \div 2$ 这个算式。

分数线相当于除法算式中的除号。

$\frac{1}{2}$ 也代表了 $1 \div 2$ 这道题的答案。

"没错,这就是分数的要点。"乔治郑重地说道。

"分数线的上下分别写着数,上面的叫分子,下面的叫分母,只有分数线和分子、分母三部分构成的整体才是一个数。这就是分数。

"只要弄懂了这些,也就弄懂了分数。"

"小堇,要不要来练习一下?"安娜问,"$1 \div 3$ 的答案是?"

"$\frac{1}{3}$。"小堇不假思索地说。

"答对了。那么,$2 \div 5$ 是多少呢?"

"我想想……是 $\frac{2}{5}$。"

"太对啦。

"你看,是不是根本不用计算,只要把被除数放到分数线的上面,把除数放到分数线的下面就搞定啦？"

"真的呢，完全不需要计算。分数真好用呀。"小堇很高兴。

✳ 分数和除法是一样的吗？

小堇问："分数用瓷砖该怎么表示呢？

"之前我们通过用瓷砖摆长方形的方式来学习除法。那么 $1 \div 2 = \frac{1}{2}$ 是不是也能用这种方法来学习呢？"

"没错，没错。"乔治说，"这种方法依旧适用。只不过呢，我们需要切割瓷砖。你看这张图。"

$1 \div 2$ 的答案是 $\dfrac{1}{2}$

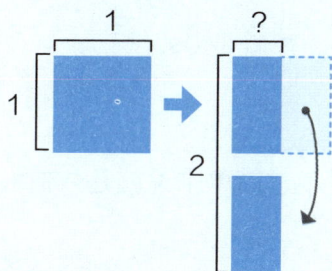

有一块瓷砖，

长是 1，宽也是 1。

如果把它从中间切开，

变成 2 块，

这样摆，宽度就是

$$1 \div 2 = \dfrac{1}{2}。$$

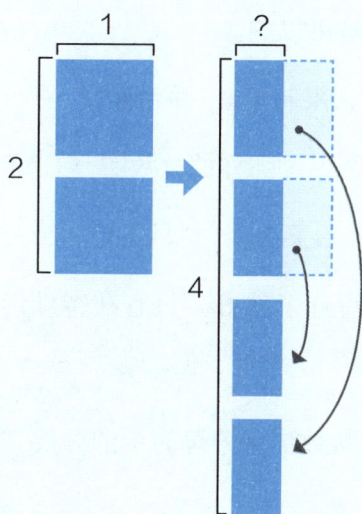

【$2 \div 4$ 的答案也是 $\dfrac{1}{2}$】

⬇

用 2 块瓷砖摆成长方形，

长是 2，宽是 1。

如果把 2 块瓷砖从中间切开，

变成 4 块，

这样摆，宽度就是

$$2 \div 4 = \dfrac{2}{4} = \dfrac{1}{2}。$$

✳ 不能当分母的数

乔治说："分数线的上面和下面,也就是分子和分母,都是自然数,如 1,2,3,4…那我们想想看,有什么数不能当分子或者分母呢?

"分母可以是任意数,只有一个除外,那就是 0。"

"为什么呀?"小董问。

"问得好。这是有深层次的原因的,不过简单来说就是任何数都不能除以 0。"乔治说。

"不能除以 0……"

"没错,你记住这个规则就好。这是为了让加减乘除的算式有意义而制定的规则。

"0 虽然不能当分母,但是当分子是可以的。

"除此之外,分子和分母就没有什么限制了。"乔治说。

"1 也可以当分母吗?我好像没怎么见过那样的分数。"安娜问。

"当然可以啦,完全没有问题,"乔治笑起来,"只不过,当分母是 1 的时候不必特意将它写出来,只写分子就好。只有在特殊场合才需要将分母的 1 写出来。

"换句话说,我们可以认为所有自然数都是分母为 1 的分数。"

乔治又展示了新的页面。

"那分子是 1 呢?"安娜问。

分母是1的分数

$$\frac{3}{1} = 3 \div 1 = 3$$

因为一个数除以 1，结果仍是这个数本身，
所以分母是 1 的分数的值等同于它的分子。

"分子是 1 的话，它就是个普通的分数。

"据说，在很久很久以前，古埃及人使用分数的时候一定要将分子变成 1，这就导致计算变得相当复杂。如今这条规则已经被废除了，分数的计算也变简单了。"

"分子和分母是同一个数也可以吗？"安娜问。

"当然可以啦。分子和分母是同一个数的话，分数的值等于 1，所以大多数情况下直接写成 1。只有在特殊情况下才会写成'$\frac{3}{3}$'这样的形式。"

小堇不免觉得有些奇怪。

"那分子可以比分母大吗？"安娜问。

"可以，也有那样的分数。

"我们把分子比分母小的分数叫作真分数。

"反之，分子和分母相同，以及分子比分母大的分数叫作假分数。

"假分数可以写成整数或带分数的形式。假分数也有假分数的优点，它并不是什么奇怪的分数。"乔治回答。

"关于带分数的知识，我们一会儿再说。"

❋ 分数的有趣之处

"下面来看一下分数的重要性质。

"分数的值就是分数作为一个数的大小。来看看这个。

分数的重要性质

分子和分母同时乘相同的数（0 除外），分数的值不变。

$$\frac{2}{3} = \frac{2 \times 5}{3 \times 5} = \frac{10}{15}$$

分子和分母同时除以相同的数（0 除外），分数的值不变。

$$\frac{10}{15} = \frac{10 \div 5}{15 \div 5} = \frac{2}{3}$$

"这两条都是十分重要的性质。"乔治说。

"下面，我们来整理一下假分数和带分数的关系吧。

"假分数的分子大于或等于分母。带分数则是由整数和真分数组成的分数。

"因此，任何假分数都可以转换成带分数或整数，任何带分数也都可以转换成假分数。也就是说，从分数的值来说，转换前后两者是相等的，只是表示形式不同。现在我们来看看如何转换吧。

将假分数转换为带分数

$$\frac{11}{5} \text{（假分数）} = 2\frac{1}{5} \text{（带分数）}$$

两者的值是相等的。

计算 $11 \div 5$ 的时候得 2 余 1。

2 就是带分数的整数部分，1 就是分子，除数 5 就是分母。这样就转换成了 $2\frac{1}{5}$。

$2\frac{1}{5}$ 可以理解为 $2 + \frac{1}{5}$。

"将带分数转换为假分数的过程则正好相反。

"带分数可以理解为除法的商和余数的组合。比如 $2\frac{1}{5}$ 意味着某个数除以 5 之后得到的商为 2，余数为 1。这个带分数读作'二又五分之一'。"

将带分数转换为假分数

$$2\frac{1}{5} = \frac{2\times5}{5} + \frac{1}{5} = \frac{2\times5+1}{5} = \frac{11}{5}$$

这是在告诉我们，某个数除以 5 后，商为 2，

余数为 1，所以它表达的就是 11÷5 哟。

乔治继续说："分数是一个数，所以可以进行加减乘除的计算。

"计算分数时我们一般不使用竖式，用横式就够了。

"来试试吧。

分母相同的分数的加法

$$\frac{1}{5} + \frac{2}{5} = \frac{1+2}{5} = \frac{3}{5}$$

分母相同的两个分数相加时，分母保持不变，只要把分子相加即可。

这是因为 $1÷5 + 2÷5 = （1 + 2）÷5 = 3÷5$。

$$\frac{1}{5} \qquad + \qquad \frac{2}{5} \qquad = \qquad \frac{3}{5}$$

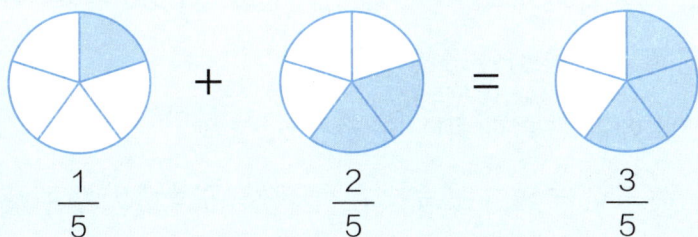

"分母不同的分数不能直接相加，需要先让两个分数的分母变成同一个数，这个过程叫作通分。"乔治说。

分母不同的分数的加法

$$\frac{1}{2} + \frac{1}{3} = \frac{1 \times 3}{2 \times 3} + \frac{1 \times 2}{3 \times 2}$$

$$= \frac{3}{6} + \frac{2}{6} = \frac{5}{6}$$

一个分数的分母是 2，一个分数的分母是 3，需要把两个分数的分母都变成 6。

此处的 6 是 2 和 3 的最小公倍数。

关于公倍数的概念会在"因数和倍数"大楼中解释。

总之，先通分，将 $\frac{1}{2}$ 的分子和分母同时乘 3，将 $\frac{1}{3}$ 的分子和分母同时乘 2，再将两个分母相同的分数相加即可。

"至于分数的减法，除了将加变成减，剩下的步骤和做加法时完全相同，这里就不再花时间说明了。"

乔治继续说："分数的乘法更简单，只要把分母和分母相乘当分母、分子和分子相乘当分子就可以了。

分数的乘法

$$\frac{1}{3} \times \frac{2}{5} = \frac{1 \times 2}{3 \times 5} = \frac{2}{15}$$

"当分子和分母都能被同一个数整除的时候，可以让它们同时除以这个数，让分数变成更简单的形式。这个过程叫作约分。

分数的约分

$$\frac{1}{4} \times \frac{2}{5} = \frac{1 \times \overset{1}{2}}{\underset{2}{4} \times 5} = \frac{1 \times 1}{2 \times 5} = \frac{1}{10}$$

约分：将分母和分子除以同一个数（0 除外，这里是 2 ）。

"遇到带分数的乘法时，要先将带分数转换成假分数，再计算。

"当 3 个或更多的分数相乘时，也是将所有的分母、所有的分子分别相乘。

"分数的乘法就讲到这里吧。"

小堇开心地想："分数果然很简单！还有，如果分母和分子可以同时被一个数整除，就能约分，就像玩对对碰一样！"

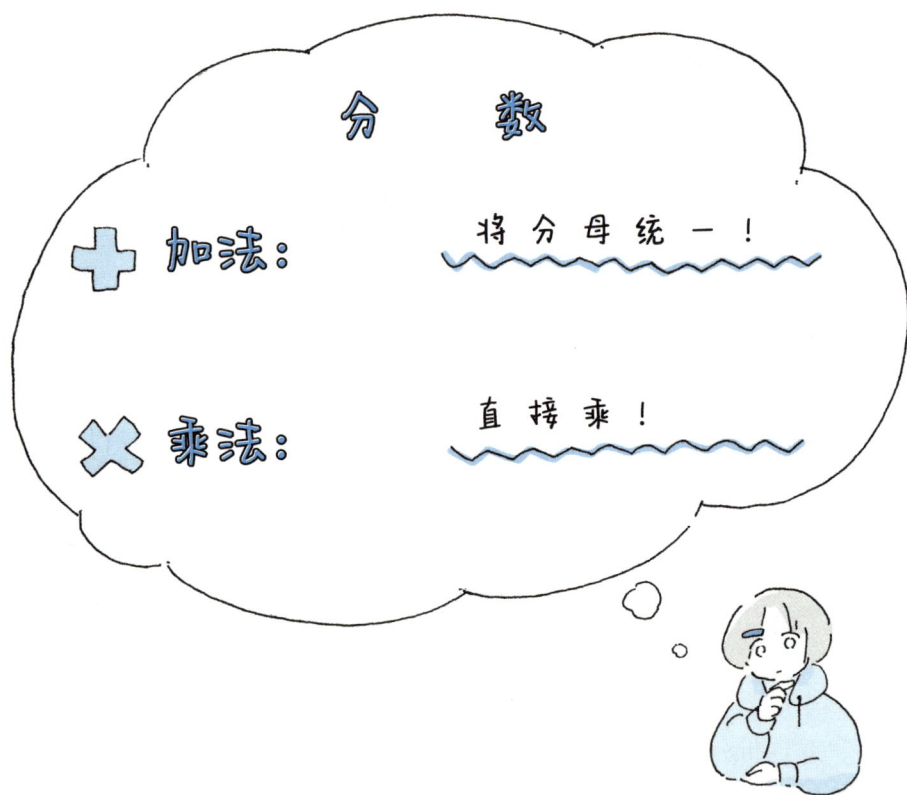

分　　数

➕ 加法：　　　将分母统一！

✖ 乘法：　　　直接乘！

✳ 分数的除法

"最后就是分数的除法了。

"做分数的除法时，需要先转换为分数的乘法。转换的方式很简单，只要将除数的分子和分母互换，再和被除数相乘就可以了。"

做分数的除法，要转换为乘法

除号变乘号

$$\frac{5}{7} \div \frac{3}{4} = \frac{5}{7} \times \frac{4}{3} = \frac{5 \times 4}{7 \times 3} = \frac{20}{21}$$

将分子和分母互换

做分数的除法时，要先将除数的分子和分母互换，再和被除数相乘。

乔治继续说："将分数的除法转换成乘法后，后面的步骤和刚才说过的分数的乘法是一样的。为了更好地掌握这一知识点，我们把化除为乘的详细步骤列出来吧。

"首先，$\frac{5}{7}$ 相当于 $5 \div 7$，$\frac{3}{4}$ 相当于 $3 \div 4$。因此，

$$(5 \div 7) \div (3 \div 4) = (5 \div 7) \div 3 \times 4$$

把（ ）去掉

$$= (5 \div 7) \times 4 \div 3$$

$$= (5 \div 7) \times (4 \div 3)$$

"也就是说，只要把除数的分子和分母互换一下就可以转换成乘法了。

"将分数的除法转换为乘法后，可以约分的就尽量约分，这样计算会变得更简单。

"来看大屏幕。

要注意约分

$$\frac{4}{9} \div \frac{2}{3} = \frac{\overset{2}{\cancel{4}}}{\underset{3}{\cancel{9}}} \times \frac{\overset{1}{\cancel{3}}}{\underset{1}{\cancel{2}}} = \frac{2}{3} \times \frac{1}{1} = \frac{2}{3}$$

分母、分子先同时除以 2，再同时除以 3。

"这样就能够进行分数的除法运算了。

"3 个以上的分数进行乘除混合运算时，可以将除数的分母和分子互换，将整个算式转换成只有乘法的算式。这时要留意有没有可以约分的情况。"乔治说。

"能约分的话，计算过程会变得更简单！"小堇开心地说。

这时，外面又传来"扑通"一声。

小堇吓了一跳。

不知道乔治和安娜是不是已经习惯了，他俩看起来很平静。

安娜说："那么分数就学到这里，接下来我们来学习小数吧。记得要思考小数和分数之间的关系。"

小 数

二成五三

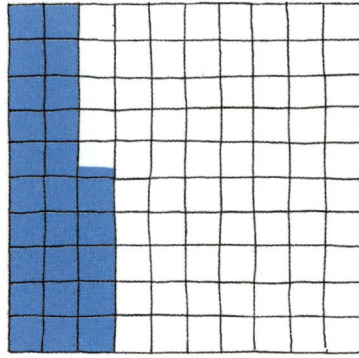

离开"分数"大楼后，小堇又看到了一架掉落的无人机。

那家伙不知是从哪里飞来的，结果在这里坠毁了。

小堇想，万一被砸到了，肯定会受伤的。

沿着"分数"大楼前的蜿蜒小道走了一会儿，小堇看到了一栋挂着"小数"牌子的大楼。

他们走进这栋大楼后，看到这里和之前的几栋楼一样，里面也有一块屏幕。

小数是什么？

小数是分母为 10，100，1000，…的分数的一种表示方法，由整数部分、小数点和小数部分组成。

乔治说："小数可以表示比 1 小的数。

"分数也能表示比 1 小的数。比如说，$\frac{1}{2}$是将 1 一分为二后得到的数，所以比 1 小。

"小数也用 0~9 的数字来表示，还要用到一个叫作小数点的符号。"

✳ 百分数

"小董学过小数了吗？"安娜问。

"没有，我还没学过，"小董摇了摇头，"但是生活中时不时会听到。前不久我去检查视力的时候，医生说我的视力是1.2。"

"有一种和小数功能类似的数，叫作百分数，"乔治说，"我们先来聊聊百分数吧。只要搞懂了百分数，就能搞懂小数。"

小董知道百分数，她知道100%表示"全部"。果汁类饮料的包装盒上经常有"果汁含量30%"之类的宣传语。

乔治说："百分数是什么呢？'百'顾名思义就是100的意思。'分'表示除法，相当于分数线。百分数就是'一百分之多少'的意思，通常不写成分数的形式，而是在分子后加百分号（%）来表示。比如5%的意思就是在100份里面占了5份。

"我们可以得出结论，百分数是一种特殊的分数。"

％（百分号）的含义

％ 就是 $\dfrac{\quad}{100}$ 的意思。

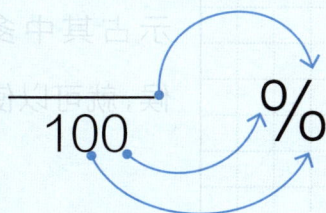

％ 中间的斜杠（／）和分数线表示的意义相同。

斜杠两侧的两个"0"就是 100 的两个"0"。

因此，百分数是一种分数。

乔治继续说："请看这里，这是百分数的示意图。"

百分数是什么？

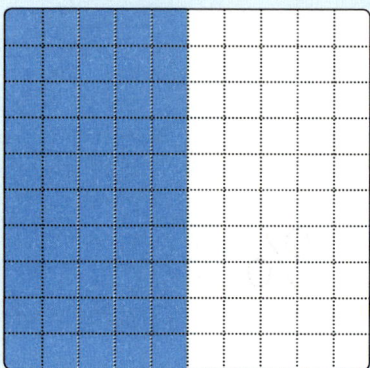

将 1（全体）分成 100（10 × 10）份，表示占其中多少份的时候，就可以使用百分数。

1 个方格就是 1%。

蓝色的部分包含了 50 个方格，就是占总体的 50%，也就是 $\dfrac{1}{2}$ 的意思。

$$50\% = \frac{50}{100} = \frac{1}{2}$$

"百分数可以更直观地表示部分与整体之间的数量关系，例如'50%'等。但百分数的分母只能是 100，对于更精细的数量还是用小数更方便。小数点后第 1 位是十分位，表示十分之一；第 2 位是百分位，表示百分之一；第 3 位是千分位，表示千分之一；第 4 位是万分位，表示万分之一；以此类推。来看这个实例吧。"乔治说完，展示了一张新幻灯片。

小数的数位

3 . 1 4 1 5

（ 三 点 一 四 一 五 ）

个位　十分位　百分位　千分位　万分位

0.1（零点一）……十分之一

0.01（零点零一）……百分之一

0.001（零点零零一）……千分之一

0.0001（零点零零零一）……万分之一

"对于'零点几'这样的小数，也就是'百分之几十'这样的百分数，日常生活中有时也说'几成'，比如'有七成同学的考试成绩在90分以上'，意思是'有70%的同学的考试成绩在90分以上'。如果小数点后不止一位，就说成'几成几几'，比如0.253可以说'二成五三'。"

"与'几成'相似的表述还有'几折'，用来表示折扣力度。你

知道'打折'的意思吗？逛商场的时候，经常能看到'七折优惠'之类的标志。"安娜说。

"我知道！打七折就是原价 100 块的东西，只卖 70 块。"小董拍手说，"妈妈经常去商场买打折的东西。"

"还有很多会用到小数和百分数的情况。如果你或者你的家人喜欢看足球或篮球比赛，你可能经常听到'射门命中率'或'投篮命中率'这些说法。"乔治说。

"如果某人的投篮命中率是 60%，那就是说他在 10 次投篮中能够投中 6 次。假设有一个刚刚开始学习打篮球的学生，他投了 87 次篮，

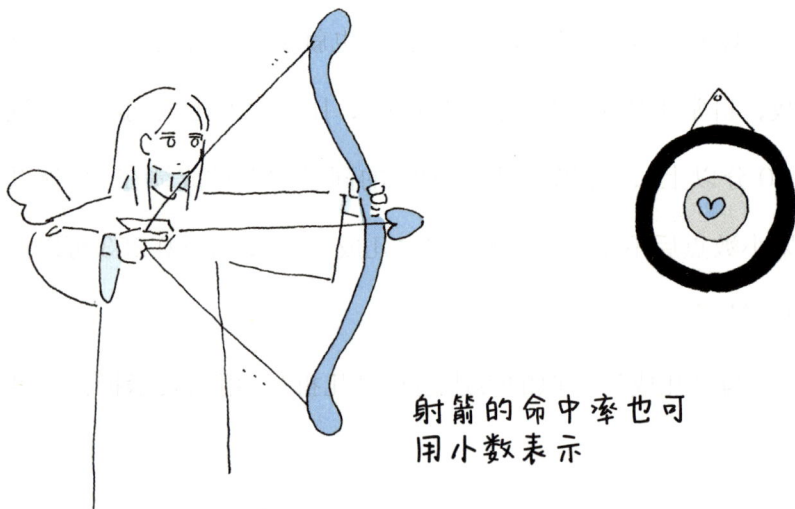

射箭的命中率也可用小数表示

一共投中了 22 次，那么他的投篮命中率是多少呢？"

"投篮命中率一般用百分数表示，但也可以用小数表示。那么，我们如何通过除法得到一个含小数的答案呢？"安娜提问道。

"22÷87，在 22 里连 1 个 87 都没有，在得出'商是 0，余数是 22'这个结论后，本应该停止计算了。但是，我们需要得到一个用小数表示的结果，所以这时就要继续进行除法计算。

四 舍 五 入

$$
\begin{array}{r}
0.2528 \\
87\overline{)22.0} \\
174 \quad \leftarrow 87 \times 2 \\
\overline{460} \\
435 \quad \leftarrow 87 \times 5 \\
\overline{250} \\
174 \quad \leftarrow 87 \times 2 \\
\overline{760} \\
696 \quad \leftarrow 87 \times 8 \\
\overline{64} \quad \leftarrow 没有除尽，还能继续算下去
\end{array}
$$

（小数点后第 4 位进行四舍五入）

$$22 \div 87 \approx 0.253$$

"除法部分的做法和两位数的除法是一样的。22÷87不够商1，在商的个位写上0占位，将商的小数点与被除数的小数点对齐，再在被除数的十分位上添0，把22看成220个十分之一，继续做除法。"

安娜继续说明："没有除尽的话，就可以继续计算下去。这种情况下可以选择适当的时机结束运算。我们在日常生活中很少用到超过三位的小数，所以我们可以算到万分位。当万分位的数为0~4时，就舍掉万分位及之后各位。当万分位的数为5~9时，就要在舍去万分位及之后各位的同时向千分位进1。这就叫作四舍五入。

"到这步为止都明白了吗？"

小堇点点头，表示明白。在听安娜说明的时候，小堇感觉自己变得越来越聪明，懂得越来越多。

数学乐园里没有年级的概念。即使是一年级的学生来到这里，只要掌握了前面的知识，就可以继续学下去。

而且，在数学乐园里，只要你抱有不断学习的兴趣，头脑就会随之变得越来越聪慧。

小堇来到数学乐园后，不知不觉间思维变得越来越敏锐了，尽管她自己还没有意识到这一点。

✳ 试着计算小数的加减乘除吧

安娜说："现在按顺序来说明小数和小数之间的加减乘除如何计算吧。

"首先是加法和减法。

"小数之间的加减法需要将小数点对齐，写成竖式，然后计算。"安娜继续说，"然后是乘法。

"小数之间的乘法不需要对齐小数点，而是要把它们的末位对齐。

小数的加法和减法

在加法和减法中，需要将小数点对齐，写成竖式进行计算。

$$
\begin{array}{r}
3.25 \\
+\,0.053 \\
\hline
3.303
\end{array}
\qquad
\begin{array}{r}
3.25 \\
-\,0.053 \\
\hline
3.197
\end{array}
$$

小数的乘法

先当成整数乘法算出积，再点小数点。两个乘数的小数点后一共有几位，就在积的右边起往前推几位写上小数点。

$$
\begin{array}{r}
3.25 \quad \leftarrow \text{小数点后有两位} \\
\times \ 0.053 \quad \leftarrow \text{小数点后有三位} \\
\hline
975 \\
1625 \quad\ \ \text{将以上两个小数点后的位数相加} \\
\hline
0.17225 \quad \leftarrow \text{往前推五位写上小数点}
\end{array}
$$

"首先把它当成整数乘法计算，计算完后，数一下两个乘数中一共有几位小数，然后从积的右边起往前推相应的位数，在那里写上小数点。

小数的除法

$$3.25 \div 0.053$$

首先将除数的小数点向右移使其变成整数，这里需要右移三位。

接下来，被除数的小数点也要相应地向右移动三位。

```
           6 1
0.053 ) 3.2 5 0
        3 1 8
          7 0
          5 3
          1 7  ←
```

要是出现余数，需要将余数的小数点的位置复原

最后，将余数的小数点向左移动三位。

$$3.25 \div 0.053 = 61 \cdots\cdots 0.017$$

"这样我们就学会小数的加减乘除了。"

安娜继续说明："在实际计算中，小数有小数的便利之处，分数也有分数的便利之处。此外，小数和分数是可以互相转换的。如果在做除法时，想要不出现余数，就可以把小数转换成分数再计算。

"将小数转换成分数的方法非常简单，就像下面这样！"

将小数转换成分数

小数点后有一位数，分母就是 10，有两位就是 100，以此类推；然后，直接把小数点去掉后写在分子的位置就可以了。

$$0.7 = \frac{7}{10} \qquad 0.24 = \frac{24}{100} \qquad 3.9 = \frac{39}{10}$$

✳ 将分数转换成小数

乔治说："将分数转换成小数需要进行除法计算，会出现可以除尽和无法除尽的不同情况。让我们来思考一下遇到无法除尽的情况该怎么做。"

将分数转换成小数

$$\frac{1}{3} = 1 \div 3 = 0.33333\cdots = 0.\overset{\bullet}{3}$$

在不断重复的数字上面加一个圆点。

$$\frac{1}{7} = 1 \div 7 = 0.142857142857\cdots$$

$$= 0.\overset{\bullet}{1}4285\overset{\bullet}{7}$$

在不断重复的一串数字的第一个和最后一个数字上面分别加一个圆点，这就表示 142857 这串数字在不断循环。

乔治接着说："算一下 1÷3 就知道永远也算不完，商的小数点后每一位都是 3，无穷无尽。因此，我们要在不断循环的 3 这个数字上面加一个圆点，表示 3 是无限循环的。

"1÷7 也一样永远除不尽，它不断循环的一串数字是 142857，所以要在 1 和 7 这两个数字上面各加一个圆点。"

小堇十分好奇，忍不住问："0.3333…这串数字什么时候才会到尽头呢？"

"它永远都不会到尽头，会一直重复下去。没有尽头，便意味着'无限'，0.3333…的重复是无限的。"乔治说。

"也就意味着永远也算不完？"

"因为这个循环是无限的，不可能算到最后一位，所以是算不完的。不过，又因为只有 3 在不断地重复，所以也可以说，我们已经算出结果啦。"

小堇开始想象小数点后面一连串 3 不断向远方延伸的场景。

※ 永远不会结束的小数

乔治说："通过计算，我们不难得出 $\frac{1}{3}$ 是 0.3333…。

"分数转换成小数时，如果能除尽，这个分数就可以转换成有限小数。有限，意味着它的答案会在某一个数位终结。如果不能除尽，这个分数就只能变成无限循环小数。

"反过来，无限循环小数也可以转换成分数，要怎么才能实现呢？

"现在就告诉你，请听好了。

"只要按照这两个例子中的转换方式操作，就可以把无限循环小数转换成分数。"

将无限循环小数转换成分数

要将 0.333333… 这个 3 在无限循环的小数转换成分数，该怎么做？

只取第一次循环

只有 1 位数在循环，所以需要在分母处写上 1 个 9，在分子处写上 10

$$0.333333\cdots = 0.3 \times \frac{10}{9} = \frac{3}{9} = \frac{1}{3}$$

要将 0.142857142857… 这个 142857 在无限循环的小数转换成分数，该怎么做？

$$0.142857142857\cdots$$

只取第一次循环

因为有 6 位数在循环，所以需要在分母处写上 6 个 9，在分子处写上 1000000

$$= 0.142857 \times \frac{1000000}{999999}$$

$$= \frac{142857}{999999} = \frac{1}{7}$$

999999 ÷ 142857 可以除尽，商为 7

"存在无限持续下去但是数字不循环的小数吗？"小堇问。

乔治说："存在的。在小学阶段，我们接触到的这样的小数只有一个，就是圆周率。"

"圆周率是什么？"小堇问。

"对于圆周率，我们会在'图形'的大楼里说明。至于其他的无限不循环小数，我们在初高中阶段也会接触到一些。"

小堇唱起了这样一首歌：

小数啊小数，

是比整数更精细的数，

还有一个小数点。

计算小数的时候，

和其他数是一样的，

所以这很简单啊。

遇上乘除法，对于小数点的位置，

千万要注意，要注意。

安娜说："下一栋楼就是'图形'了。等到了那里，我们就会学习圆和圆周率啦。"

图　形

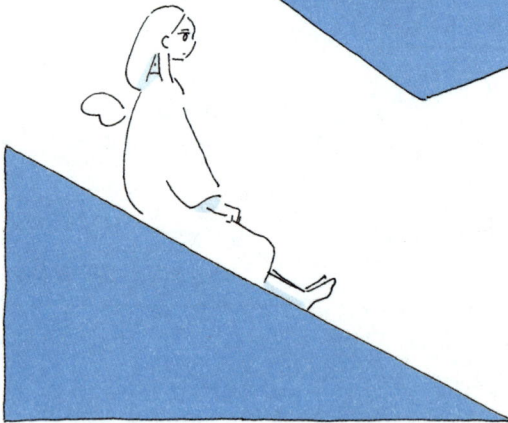

"图形"大楼在离"小数"大楼有些远的地方。

月亮依旧挂在天空中的老地方。

乔治在前面带路,三人在路灯的照射下走向"图形"大楼。"图形"大楼是由半球体、正方体、三棱锥组合而成的,看上去有些奇怪。

✳ 图形是什么?

进入大楼后,他们看到一块大屏幕,上面显示着:

图形和面积

✳ 图形:点、线、面以及它们组合起来的形状。

  (常见的图形有四边形、三角形、圆等)

✳ 面积:物体表面或封闭图形的大小。

  (不同类型的图形有不同的计算面积的方法)

乔治说:"学习图形第一件重要的事就是区分长度和面积。

"长度可以用刻度尺等工具测量出来。长度只在一个方向上延伸,与宽度无关,是一维的。

"对平面图形来说,面积是指它占据的平面区域的大小,所以是二维的。

　　"确定了长度的单位，也就是测量的基准值后就可以测量出 1 m（1 米）、2 m 等长度。如果一个正方形的边长是 1 m，那么由 $1 \times 1 = 1$ 可以得出其面积是 $1 \ m^2$（1 平方米）。

　　"千万不能把长度和面积搞混了哟。"

　　安娜说："关于米和其他计量单位，我们在下一栋楼中再说吧。"

✳ 常见平面图形的面积

　　"我来说明一下各种常见平面图形的面积该怎么计算。先从四边形开始吧。"安娜说。

"如果一个四边形 4 条边长度相等，4 个角都是直角，那么它就是正方形。你可以看一下方形的门窗的各个角，那样的角就是直角。

"如果正方形的边长为 1 m 的话，它的面积就是 1 m²。要是边长为 2 m，面积就是 4 m²。把正方形的边长乘边长，就能计算出面积了。"

"那岂不是很简单！"小堇高兴地说。

正方形和长方形的面积

用边长为 1 m 的正方形表示面积是 1 m²。

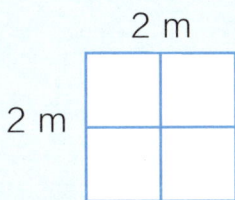

2 m

2 m

面积：

$$2 \times 2 = 4 \ (m^2)$$

正方形的面积 = 边长 × 边长

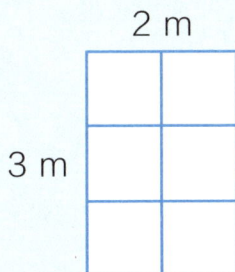

2 m

3 m

面积：

$$3 \times 2 = 6 \ (m^2)$$

长方形的面积 = 长 × 宽

安娜继续说："如果四边形的两组对边相等，4 个角都是直角，那么它就是长方形。在长方形中，较长的边称为'长'，较短的边称为'宽'。假设一个长方形的长是 3 米，宽是 2 米，面积就是 $3 \times 2 = 6$（m^2）。长 × 宽 = 长方形的面积，只要乘一下就能算出来啦。"

"果然很简单啊！"小堇说。

安娜继续说明："那么接下来我们来学习平行四边形。

"取 4 根短棒，其中两根长度相同，另两根长度也相同，用它们首尾相接围成一个四边形，让长度相同的两根短棒保持平行，就像火车铁轨那样，这样得到的图形就是平行四边形。与长方形相比，平行四边形的角不一定是直角。把一个长方形沿对角线方向压一下，就会变成这样的形状。长方形、正方形都属于平行四边形。

"如图所示，移动平行四边形的某部分后，可以得到一个与它的面积相同的长方形。

"所以平行四边形的面积可以通过底 × 高来计算。高，是指在确定了底边之后，在底边上所作的到对边的垂线段的长度。"

"怎么才能知道平行四边形的高是多少呢？"小堇问。

"可以用刻度尺测量。

"对于平行四边形这样的图形，我们把构成它们的线段称作边。"安娜继续说。

"平行四边形相邻的两条边的长度一般来说是不同的，如果平行

平行四边形的面积

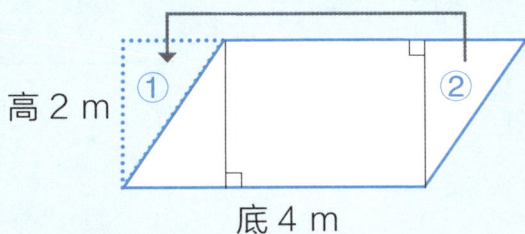

高 2 m ① ②

底 4 m

①的面积和②的面积相同。

因此，这个平行四边形的面积和长 4 m、宽 2 m 的长方形面积相同。

$$4 \times 2 = 8 \ (m^2)$$

平行四边形的面积 ＝ 底 × 高

四边形的四条边长度相同，这种平行四边形称为菱形。"

✳ 三角形、梯形和勾股定理

"接下来，我们来看三角形面积的计算。"安娜说。

"将两个一模一样的三角形拼合在一起，可以组成一个平行四边形，就像大屏幕上显示的那样。由于平行四边形的面积是通过底 × 高计算出来的，所以三角形的面积就是这个平行四边形面积的一半。"

三角形的面积

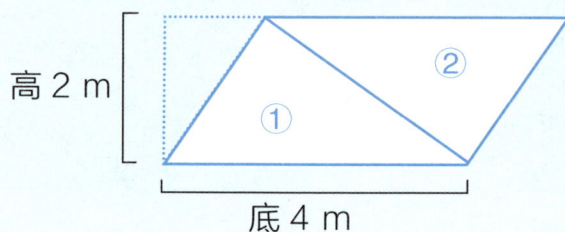

高 2 m

底 4 m

底边长为 4 m、高为 2 m 的三角形①与和它一模一样的三角形②组成一个平行四边形。三角形①的面积就是这个平行四边形面积的一半。

$$4 \times 2 \div 2 = 4 \ (m^2)$$

三角形的面积 = 底 × 高 ÷ 2

"哇，原来是这样。"

"只要两个三角形的底和高对应相等，它们的面积就是相同的。"安娜说，"这就叫三角形的等积变形。"

"原来如此。"小堇由衷地感叹道。

面积相同的三角形

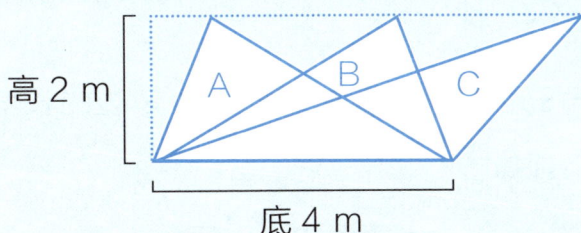

三角形 A、B、C 的底和高都对应相等，所以它们的面积也相等（等积变形）。

安娜继续说明："有一个角是直角的三角形，叫作直角三角形，构成直角的两条边叫作直角边。对直角三角形来说，因为两条直角边就是它的底和高，所以直接把两条直角边的长度相乘再除以 2，就得到它的面积了。此外，直角三角形还有一个重要性质，就是勾股定理，请看大屏幕。"

勾 股 定 理

斜边 5 m

直角边 3 m

直角边 4 m

必须是直角

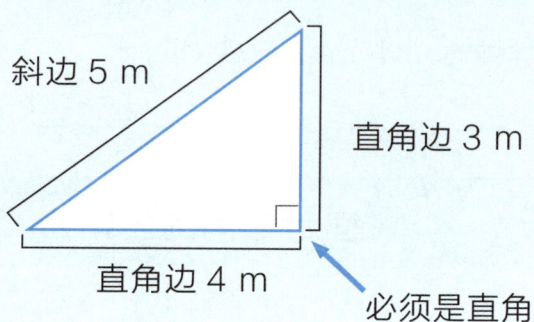

在直角三角形中，斜边和两条直角边的长度一定符合以下规律：

斜边 × 斜边 = 直角边 1 × 直角边 1 +

直角边 2 × 直角边 2

这就是勾股定理，又叫毕达哥拉斯定理。毕达哥拉斯是古希腊的一位数学家。

上图中，5 × 5 = 3 × 3 + 4 × 4。

（25 = 9 + 16）

安娜继续说："如果一个四边形中只有一组对边平行，这个四边形就是梯形。梯形的两条平行的边中，较短的称为上底，较长的称为下底。梯形面积的计算方式和三角形类似。请看屏幕上的示意图。"

梯形的面积

上底 4 m

高 3 m

①   ②

下底 6 m

两个一模一样的梯形（①和②）可以拼成一个平行四边形，它的面积是梯形面积的 2 倍。

因此，梯形的面积就是这个平行四边形面积的 $\dfrac{1}{2}$。

梯形的面积 =（上底 + 下底）× 高 ÷2

                  =（4 + 6）×3÷2

                  = 10×3÷2

                  = 15（m²）

"梯形面积的算法就是这样。用两个一模一样的梯形拼成一个平行四边形，可以说非常巧妙。"安娜说。

"这一点和三角形是一样的。"小堇说。

安娜继续说明："在由线段组成的平面图形中，能够用简单方法计算出面积的只有正方形、长方形、平行四边形、三角形和梯形。

"对于其他由线段围成的图形，我们可以在角和角之间连线（称作对角线），将其划分成多个三角形，之后分别算出这些三角形的面积，最后将这些三角形的面积加在一起。"

"原来如此。"小堇越发觉得数学是门奇妙的学科。

✳ 圆可以由三角形构成吗？

安娜说："在小学学到的图形中，还有一种很重要的图形——圆。

"圆是由平面内所有到某一个点距离相同的点所构成的图形。我们将它的中心点称为圆心，将这条完美闭合的曲线称为圆周。从圆心连到圆周上任意一点的线段称为半径，经过圆心且连接圆周上两个点的线段称为直径。"

安娜继续说："测量圆的周长可以在圆周上围一根细绳，再测量细绳的长度。圆的周长和圆的直径间有一个固定的比值，这个比值就叫作圆周率。

"不管是大圆还是小圆，所有圆的圆周率都是一样的，它的值是无限不循环小数 3.14159265…。π 是表示圆周率的符号。"

"无限小数……真的没有尽头吗？"小堇问。

"真的没有尽头。"乔治说。

"因为圆周率 π 是无限不循环小数，所以无法把它转换成分数。无论算到小数点后多少位，都算不完。近些年，借助计算机等工具，我们已经能够算到小数点后数不清的位数了。"

圆周率（π）

圆周率表示圆的周长和直径之间的比值。

圆周率（π）= 3.14159265⋯

对角线

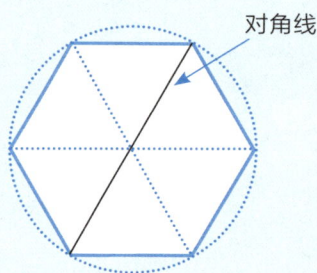

正六边形可以分成 6 个正三角形，所以正六边形的周长是对角线长度的 3 倍，图中的圆的周长比正六边形的周长稍微长一点儿。而圆的直径与图中所示对角线相等。圆周率等于圆周长 ÷ 对角线长。由此可以推断出，圆周率是一个比 3 稍微大一点儿的数。

乔治说："怎么计算圆的面积呢？在小学阶段我们用这个公式：

圆的面积 = 半径 × 半径 × 3.14

"3.14 是圆周率的近似值。π 是一个无限不循环小数，在小学阶段我们在计算中需要取它的近似值 3.14，虽然不能说特别精确，但在小学阶段已经够用。

"那么，我来解释一下为什么通过这个公式能计算出圆的面积吧。这其实和计算三角形面积的公式有关。"

"小堇，你吃过比萨吧？"乔治问。

"嗯！我超喜欢吃比萨。"小堇回答。

"吃比萨的时候都会切成好几块，对吧？每一块的形状是不是都类似三角形？"

"嗯……虽然很像三角形，但是比萨块的一条边是曲线。"

"那是因为切得太大了。

"当我们将一个圆切成若干等份时，随着份数的增加，每一份的形状会越来越接近一个高是圆的半径的三角形。如果我们把所有三角形的底边连在一起，总长度就等于圆的周长。保持这些三角形的高不变，用等积变形将它们的顶点集中在一点，就会形成一个大三角形，就像屏幕上显示的这样。

"这个大三角形的底就是圆的周长，计算公式是直径 × 圆周率 π，而这个大三角形的高是圆的半径。求大三角形的面积时，底和高相乘后还要除以 2，由于直径是半径的 2 倍，所以它的面积就是半

圆 的 面 积

尽可能把每一块切得很小，使底边无限接近一条线段

把各块的底边连在一起，总长度就是圆的周长

把各块的顶点集中在一点

半径

①

半径

圆的周长（直径 × 圆周率 π）

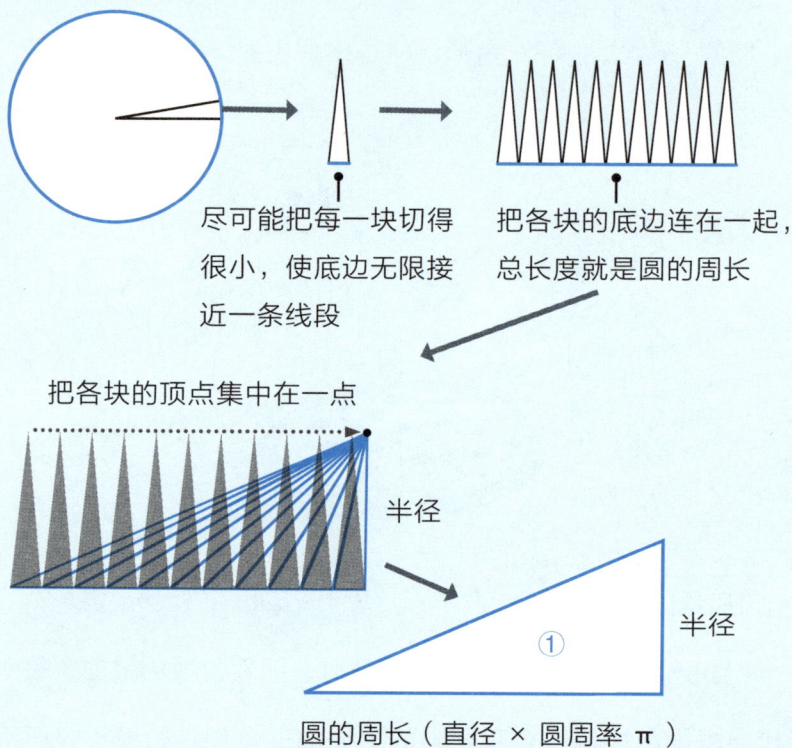

三角形①的面积

= 直径 × 圆周率 π × 半径 ÷2

= 半径 × 半径 × 圆周率 π

= 圆的面积

求圆的面积，本质上是在求三角形的面积。

径 × 半径 × 圆周率 π。"

安娜说："另外，圆周上两点之间的部分叫作弧，弧与经过其两个端点的半径围成的图形叫作扇形，因为它看起来像一把展开的折扇。扇形的两条半径之间的角叫作圆心角。计算扇形的面积需要先用量角器测量出其圆心角的度数。

"一个整圆对应的圆心角是 360°，所以当扇形的圆心角是 90° 的时候，它的面积是圆的 $\frac{1}{4}$；而当圆心角是 30° 的时候，面积就是圆的 $\frac{1}{12}$。我们可以通过这样的方式快速计算扇形的面积。"

✳ 圆的周长

小董提出了问题："圆周率要怎样才能准确计算出来呢？"

安娜回答："从理论上来说，需要先用绳子量出圆的周长，再用周长除以直径。但是，因为用绳子量出的周长精确度有限，所以这样的计算结果也不够精确。"

乔治说："有各种各样更加精确的计算方法，比方说，有一种方法需要用到勾股定理。看这张图。

"把扇形的弧的两个端点（A 和 B）用线段连起来，称为弦。弦的长度要比弧短一些。如果知道弦 AB 的长度，那么就可以把扇形平分为两部分，利用勾股定理算出弦 AC 的长度（c）。（计算过程中需要开平方根，这部分知识会在初中阶段学到。）

"弦 AC 的长度会更接近弧 AC 的长度。不断重复这样的操作，就可以利用弦长之和不断接近圆的周长。"

"我好像……有点儿明白是怎么算的了，感觉好麻烦啊。"小董说。

用弦长接近弧长

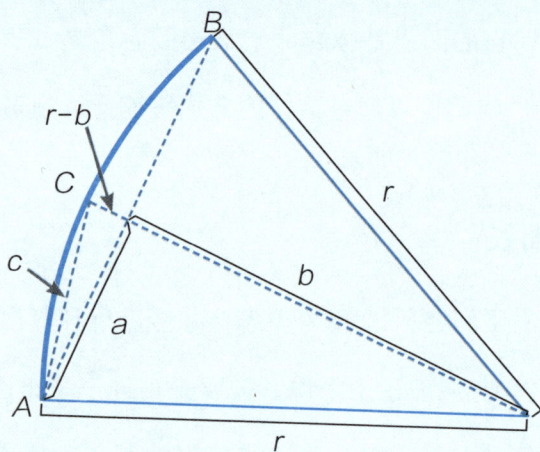

将相同的两个数（例如 3）相乘，叫作平方，可以写成这样：$3 \times 3 = 3^2$。那么，$a \times a$ 就是 a^2。

已知 r 和 a。

→因为 $b^2 + a^2 = r^2$，所以能算出 b。

→因为 $(r-b)^2 + a^2 = c^2$，所以能算出 c。

→不断重复相同的计算，弦长就越来越接近弧长。

✳ 来计算体积吧

安娜说:"平面图形所占区域的大小叫作面积。

"立体物体所占空间的大小叫作体积。如果该物体是一种容器,其内部空间的体积也可以称为容积。容积可以理解为能容纳的物体的体积。

"先来认识一下长方体和正方体吧。由 6 个长方形的面围成的立体图形是长方体,有的长方体也有两个相对的面是正方形。由 6 个完全相同的正方形的面围成的立体图形是正方体。

"长方体相交于同一顶点的三条棱分别叫长、宽、高,正方体所有棱的长度都相等。

$$长方体的体积 = 长 × 宽 × 高$$

$$正方体的体积 = 棱长 × 棱长 × 棱长$$

"如果正方体的棱长是 1 m 的话,那么它的体积就是 1 m^3(1 立方米);棱长是 3 m 的话,那么体积就是 27 m^3。

"到这一步为止能明白吗?"

"嗯!"小堇说。

安娜说:"我们在小学阶段还会学到圆柱、圆锥的体积。圆柱是长方形绕它的一条边旋转一周得到的立体图形,例如茶叶罐就可以视为圆柱。它的底面是圆。圆柱的体积算法是:

$$圆柱的体积 = 底面积 \times 高$$

"圆锥是由直角三角形绕它的一条直角边旋转一周得到的立体图形，例如尖顶帽子就可以视为圆锥。圆锥的体积算法是：

$$圆锥的体积 = 底面积 \times 高 \times \frac{1}{3}。$$

"无论圆柱还是圆锥，都要知道底面积和高才能求体积。"

乔治说："圆锥的体积是底面积和高都与它相等的圆柱体积的 $\frac{1}{3}$。棱锥也是同样的道理，它的体积是底面积和高都与它相等的棱柱体积的 $\frac{1}{3}$。棱柱就是上下两个底面是完全相同的多边形、侧面都是平行四边形的立体图形。至于计算式中的 $\frac{1}{3}$ 是怎么来的，等你在未来学习了积分的知识之后就能够理解了。"

"棱锥长什么样啊？"小堇问。

"比如……金字塔那样。金字塔的底面通常是正方形，侧面是三角形，顶端是尖尖的，它就是四棱锥。"乔治回答说，"底面是多边形、侧面是有同一顶点的若干三角形的立体图形都可以称为棱锥。"

乔治继续说:"在小学阶段,我们还会接触到球。球是一个滚圆的立体图形。因为地球的形状近似于球体,所以才会被称为地'球'。通过球的中心的平面可以将球分割成两半,每一半都有一个圆形平面,这个圆称为球的大圆。

"球的表面积等同于一个正好能将球包裹起来的圆柱体的侧面积。(这个公式的由来也需要将来学过积分才能详细解释)

"因此,

球的表面积 = 球的大圆的周长 × 直径

= 直径 × 圆周率 × 直径

= 半径 × 半径 × 圆周率 × 4

"球的体积可以通过下面的公式进行计算。(这个公式的由来也需要将来学过积分才能详细解释)

球的体积 = 半径 × 半径 × 半径 × 圆周率 × $\dfrac{4}{3}$"

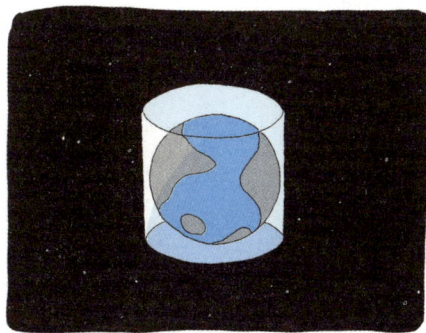

安娜说："在计算长度、面积和体积的时候，准确的测量是非常重要的。测量时，单位是必不可少的，历史上各个国家的计量单位不尽相同，后来为了便于国际间的交流，逐渐形成了一套国际通用的单位。接下来我们就学习一下计量单位吧。"

　　三人又走向了下一栋楼。

计量单位

1cm 10cm 100cm
(1m)

"图形"大楼的后面是一栋挂着"计量单位"牌子的大楼。

这是一栋看起来像天文台的楼。

穿过入口处的拱门之后是一个大厅，那里有块屏幕。

屏幕上显示着：

计量单位简史

以前，世界各国关于长度、大小、重量等的计量单位没有统一的标准。大约 200 年前，法国首创了一套新的制度，并被很多国家采用，这就是公制。公制中的单位大多是基于十进制制定的，在物理等自然科学领域也有重要作用。后来在公制的基础上又发展出更为严谨的国际单位制。在小学阶段，我们只要掌握几个常见计量单位就可以了。

其中，最重要的基本单位有以下两个：

长度单位　米（m）

质量单位　千克（kg）

✳ 测量地球的大小

乔治说："长度的单位最早是基于地球的大小制定出来的。公制刚刚问世时，规定从北极经过巴黎到赤道的地球圆弧长度的一万分之一为 1 km（千米），又将千米的千分之一规定为 1 m，并据此制作了一根 1 m 长的金属棒，这根金属棒就叫国际米原器。（顺便一提，在现行国际单位制中，"米"已经有新的定义方式，不再以国际米原器为标准。）"

小董好奇地问："当时真的测量地球的弧长了吗？"

"测量是测量了，"乔治回答，"但只测了极少的一部分。测量从北极经过巴黎到赤道的圆弧长度实在是太困难了，所以只测量了法国附近的一小部分。但是，这种思维方式很重要。人们将从北极经过巴黎到赤道的弧长定为 1 万千米，由此推出沿着这条弧所在的圆周绕地球一圈正好是 4 万千米。光的速度约是 30 万千米 / 秒，所以它在 1 秒内可以绕地球 7 圈半。"

安娜说："现行国际单位大多使用十进制。比如 1 m 的 1000 倍是 1 km，1 m 的十分之一是 1 dm（分米），1 m 的百分之一是 1 cm（厘米），1 m 的千分之一是 1 mm（毫米）。"

长 度 单 位

单位名称	单位符号	换算关系
千米	km	1 km = 1000 m
米	m	—
分米	dm	1 dm = 0.1 m
厘米	cm	1 cm = 0.01 m
毫米	mm	1 mm = 0.001 m
微米	μm	1 μm = 0.000001 m
纳米	nm	1 nm = 0.000000001 m

✳ 面积单位

安娜说："基于长度单位，人们制定了面积单位。"

面 积 单 位

单位名称	单位符号	换算关系
平方千米	km^2	$1\ km^2 = 1000000\ m^2$
公顷	hm^2	$1\ hm^2 = 10000\ m^2$
平方米	m^2	—
平方分米	dm^2	$1\ dm^2 = 0.01\ m^2$
平方厘米	cm^2	$1\ cm^2 = 0.0001\ m^2$
平方毫米	mm^2	$1\ mm^2 = 0.000001\ m^2$

安娜继续说："要注意，当正方形的边长变为原来的 10 倍时，面积将会变为原来的 100 倍。当边长变为原来的 1000 倍时，面积则会变为原来的 1000000 倍。

"$1\ km^2$ 是 $1\ m^2$ 的 1000000 倍。由于这两个单位的差距太大，人们制定了公顷（hm^2）来代表 100 m × 100 m。公顷常用作农田、园地等的面积单位。"

✳ 体积单位

安娜说:"了解了面积单位之后,我们来学习体积单位。

"在体积单位中,比较常用的是 cm^3(立方厘米)和 m^3(立方米)。正方体的棱长变为原来的 100 倍时,体积会变为原来的 100 的立方倍,即 1000000 倍。"

体 积 单 位

单位名称	单位符号	换算关系
立方米	m^3	—
立方分米	dm^3	$1\ dm^3 = 0.001\ m^3$
立方厘米	cm^3	$1\ cm^3 = 0.000001\ m^3$
立方毫米	mm^3	$1\ mm^3 = 0.000000001\ m^3$
升	L	$1\ L = 1\ dm^3$
毫升	mL	$1\ mL = 1\ cm^3$

安娜继续说："$1 \ m^3$ 是 $1 \ cm^3$ 的 1000000 倍，两者相差太大，所以人们制定了一个介于它们之间的单位——升（L）。升经常用来计量牛奶或饮用水等的体积。$1 \ L$ 相当于 $10 \ cm \times 10 \ cm \times 10 \ cm$ 的体积。升的千分之一叫作毫升（mL）。mL 和 cm^3 是相等的体积单位。有的国家和地区，人们也把 cm^3 称为 cc，但这种写法在中国较少使用。"

※ 质量单位

乔治说："体积的单位和质量的单位是有所关联的。在最初制定质量单位时，科学家以一个人造的'千克原器'的质量作为 $1 \ kg$ 的定义。在日常生活中，我们可以认为 $4 \ ℃$ 时 $1 \ cm^3$ 水的质量是 $1 \ g$。"

质 量 单 位

单位名称	单位符号	换算关系
吨	t	1 t = 1000 kg
千克	kg	—
克	g	1 g = 0.001 kg
毫克	mg	1 mg = 0.000001 kg

"有比吨还大的质量单位吗？"小堇问。

"有'万吨'这样的说法，比方说一些大船的载重量就会以万吨作为单位。"安娜说。

"我听说过。"

"还有'亿吨'这样的说法，国家在计算一年里消耗的石油质量时，会用亿吨为单位。"

乔治说："我们有时候也会将1吨的1000倍称为千吨（kt），将1千吨的1000倍称为兆吨（Mt）。在表示原子弹或氢弹的爆炸威力时，常用'相当于多少千吨或多少兆吨的TNT（三硝基甲苯）炸药'的表述。"

※ 时间和速度的单位

安娜说："既然聊到了长度，那我们也来聊聊时间和速度吧。

"时间的基本单位是s（秒），比秒更大的时间单位有min（分）、h（时）、d（日）、a（年）等。运动的物体在一个单位时间内走过的长度就是它的速度。单位时间可以是1时、1分或1秒等。当长度以km为单位，时间以h为单位时，对应的速度单位就是km/h（千米／时）。"

乔治说："有一点必须注意，时间单位不是十进制的。1分等于60秒，1时等于60分，而1日则等于24时。"

安娜问："你在学校里学过怎么看时钟吗？"

"在幼儿园就学过了，"小堇说，"上小学之后又深入学习了一下。"

安娜说："路程、时间和速度这三者之间的关系是这样的。

路程、时间和速度之间的关系

✳ 计算路程的公式

$$路程 = 速度 \times 时间$$

✳ 计算速度的公式

$$速度 = \frac{路程}{时间}$$

✳ 计算时间的公式

$$时间 = \frac{路程}{速度}$$

"这三个公式表达的意义是一样的。只要知道路程、时间和速度三者中的任意两者就可以算出剩下的一个。我们要根据计算场景的不同，选择合适的公式。"

安娜继续说："因为时间单位和长度单位都不止一种，所以速度单位也不止一种，常用的速度单位有 km/h 和 m/s（米 / 秒），它们之间可以换算。"

将 36 km/h 改为以 m/s 为单位：

$$36\ \text{km/h} = \frac{36\ \text{km}}{1\ \text{h}} = \frac{\overset{10}{\cancel{36000}}\ \text{m}}{\underset{1}{\cancel{3600}}\ \text{s}} = 10\ \text{m/s}$$

需要将 1 km 转换为 1000 m，1 h 转换为 3600 s。

"接下来，我们去最后一栋大楼吧。"安娜说。

因数和倍数

"最后一栋楼",这个说法在小董的脑海中挥之不去。快到和数学乐园说再见的时候了。

月亮依旧挂在天空中的老位置。

"因数和倍数"大楼离他们现在的位置有些远。三人一路上看到角落里堆放了好多摔坏的无人机。

挂着"因数和倍数"牌子的大楼在地势略高一些的地方,那是一栋规模不大的楼,似乎还在扩建。

✳ 找出倍数吧

三人进入"因数和倍数"大楼的大厅,大厅里挂着一块大屏幕,上面显示着:

欢迎来到因数和倍数的世界

（我们在这里只讨论正整数）

✳ 因数

如果 a 能被 b 整除，那么 b 就是 a 的因数。

比如说，12 的因数有

$$1，2，3，4，6，12$$

✳ 倍数

倍数和因数是相对应的。

$12 \div 2 = 6$，我们可以说 2 是 12 的因数，12 是 2 的倍数。而 2 的倍数不止一个，有 2，4，6，8，…

安娜问："小堇，你学过偶数吗？"

"学过啦。偶数是可以被 2 整除的数。"

"对，"安娜说，"所以说，偶数都是 2 的倍数。那你知道如何看出一个数是不是偶数吗？"

"大概知道，比如说 10，12，100 就是偶数。"

"是的。其实区分一个整数是不是偶数，只看它的个位就可以了。当个位是 2，4，6，8，0 的时候，它必定可以被 2 整除，这就是偶数的判断方法。

"那么，我们来归纳一下判断数的倍数的方法吧。"安娜说。

判断数的倍数的方法（1）

2 的倍数 ● 个位可以被 2 整除

4 的倍数 ● 末两位可以被 4 整除

5 的倍数 ● 个位是 5 或 0

8 的倍数 ● 末三位可以被 8 整除

10 的倍数 ● 个位是 0

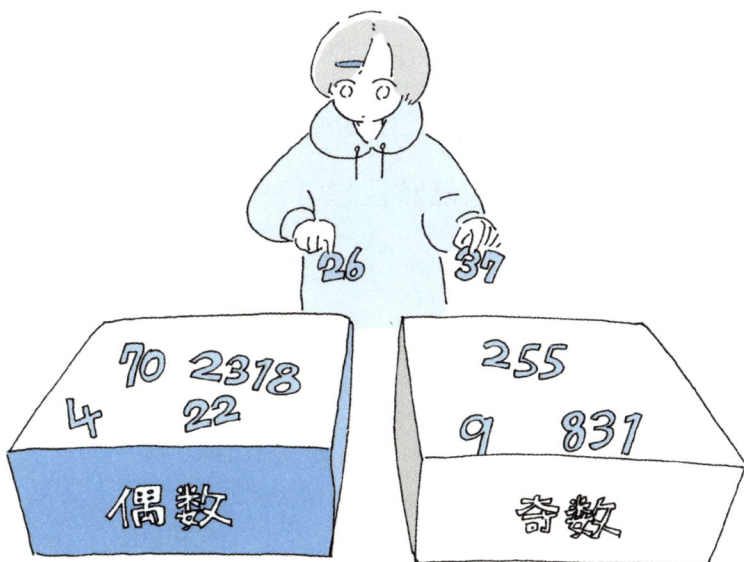

安娜说："这些非常简单，你可能已经知道了。接下来这些你知道吗？"

判断数的倍数的方法（2）

3 的倍数 ● 各位数字相加，得到的和可以被 3 整除

比如 1347 的各位数字相加是

$1 + 3 + 4 + 7 = 15$，15 可以被 3 整除，

所以 1347 是 3 的倍数

6 的倍数 ● 是 2 的倍数（偶数）且是 3 的倍数

9 的倍数 ● 各位数字相加，得到的和可以被 9 整除

比如 32589 的各位数字相加是

$3 + 2 + 5 + 8 + 9 = 27$，27 可以被 9 整

除，所以 32589 是 9 的倍数

12 的倍数 ● 是 3 的倍数且是 4 的倍数

判断数的倍数的方法（3）

7 的倍数 ● 将一个数的最后三位与前面的数位分离，两部分
相减，如果差是 7 的倍数或 0，那么这个数就是
7 的倍数
比如 8155，155 − 8 = 147，
147 是 7 的倍数，所以 8155 是 7 的倍数
比如 386365，386 − 365 = 21，
21 是 7 的倍数，所以 386365 是 7 的倍数

11 的倍数 ● 将各位数从右向左按奇数位和偶数位分成两组，
分别求两组数字的和，再将两个和相减，如果差
是 11 的倍数或 0，那么这个数就是 11 的倍数
比如 121，（1 + 1）− 2 = 0，
所以 121 是 11 的倍数
比如 905476，
（7 + 5 + 9）−（6 + 4 + 0）= 21 − 10 = 11，
所以 905476 是 11 的倍数

13 的倍数 ● 将一个数的最后三位与前面的数位分离，两部分
相减，如果差是 13 的倍数或 0，那么这个数就
是 13 的倍数
比如 3406，406 − 3 = 403，
403 是 13 的倍数，所以 3406 是 13 的倍数
比如 1569256，1569 − 256 = 1313，
1313 是 13 的倍数，所以 1569256 是 13 的倍数

✳ 找出因数吧

安娜说:"接下来我们学习找出一个数的因数的方法。

"有的数同时是好几个数的倍数,比如它可能既是 2 的倍数,也是 3 的倍数。

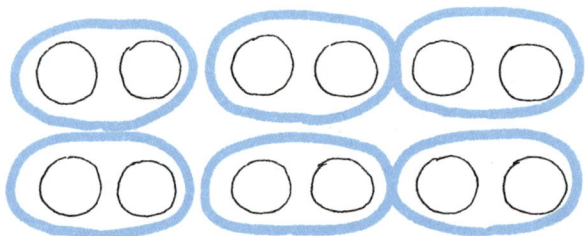

12可以
被2整除!

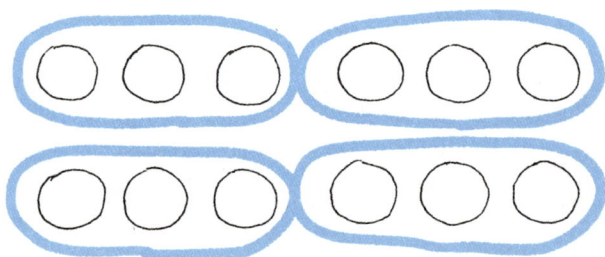

12可以
被3整除!

12
既是2的倍数,
又是3的倍数。

2×6   3×4

找出 12 的因数

12 可以写成 1×12、2×6、3×4 的形式。

1 × 12

2 × 6

3 × 4

所以，1，2，3，4，6，12 是 12 的因数。

"一个数是多少个数的倍数呢？或者说它有几个因数呢？让我们来想一个可以把它们全都找出来的方法。"

找出一个数的所有因数的方法（U 字法）

以下是一种找出 36 的所有因数的方法：

①在第一行的两端写上 1 和 36。

②用 2 去除，能够整除的话就把商写在右侧，要是不能整除就试下一个数。

③用 3 去除，能够整除的话就把商写在右侧，要是不能整除就试下一个数。

④接下来依次用 4，5，6，…去除，一直试到右侧出现左侧已经出现过的数为止。

```
1        36
2        18
3        12
4         9
5
6         6
```

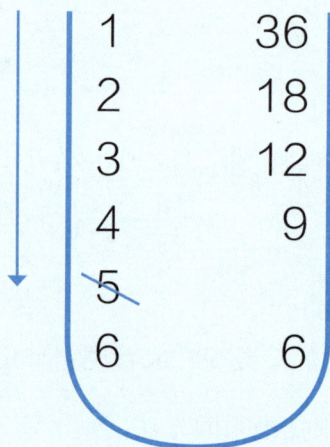

36 的因数有 1，2，3，4，6，9，12，18，36。

"这样一来，就可以将一个数的所有因数全都找出来了。明白了吗？"安娜说。

"我试试看。"小堇回答。

✳ 什么是质数？

"接下来我们来学习质数。"乔治说。

质数是什么？

除了 1 和它本身以外没有其他因数的数，叫作质数。

质数的例子：2，3，5，7，11，13，17，19，23，29，…

另外，1 既不是质数，也不是合数。

"任何数都可以由 1 乘它本身得到。如果一个数除了 1 和它本身，还可以由其他正整数相乘得到，比方说，12 可以由 2×6 或是 3×4 得到，这样的数就叫作合数。

"与之相反，13 这个数只能由 1×13 得到，不能由其他正整数相乘得到，它就是质数。"

"那么，0 是质数吗？"小堇问。

"问得好。质数的讨论范围是比 1 大的整数，所以 0 和 1 既不是质数，也不是合数。"乔治回答。

小堇又想到了什么，她问："质数按照出现的顺序依次是 2，3，5，7，11，13，17，19，23，…它们的排列有什么规律吗？"

"要是有人发现了这个规律的话……"乔治说，"大概可以拿 10 项世界顶级的数学奖了吧。"

"啊？这么厉害！"小堇很吃惊。

"质数的数量是无限的。尽管目前看来，它们的排列方式没有规律，但还是有许许多多的数学家在研究其中是否存在某种未知的规律。"

在数学课上遇到的大都是已经有答案的问题，但是在数的世界里似乎还有很多未知的东西。小堇感到不可思议。

"数的世界里还有多少没有找到答案的问题呢？"

乔治说："那真是数都数不尽呢……我们知晓答案的只是其中的一小部分。"

听罢，安娜抬头看向了远方。小堇的脑海中仿佛闪烁起了光芒。

✳ 把数拆解开？

"其实，所有的合数都可以转换成几个质数相乘的形式。"乔治说。

"这是一项特别重要的性质。把一个合数转换成质数相乘的形式，叫作分解质因数。现在，我来教你分解的方法。"

分解质因数

将一个合数转换成质数相乘的形式，就叫作分解质因数。

✳ 以 36 为例

$$\begin{array}{r|r} 2 & 36 \\ \hline 2 & 18 \\ \hline 3 & 9 \\ \hline & 3 \end{array}$$

先一直用 2 去除 36，直到无法整除。再用 3 去除，直到商是质数。

因此，$36 = 2 \times 2 \times 3 \times 3$。

✳ 以 70 为例

$$\begin{array}{r|r} 2 & 70 \\ \hline 5 & 35 \\ \hline & 7 \end{array}$$

将质数按照从小到大的顺序，即 2，3，5，…的顺序依次去试除，除到商是质数为止。

因此，$70 = 2 \times 5 \times 7$。

✳ **找出最大公因数和最小公倍数**

"接下来我们来看看找出最大公因数的方法吧。"安娜说。

"首先，什么是公因数呢？ 12 可以被 2 整除，18 也可以被 2 整除，所以我们可以说，2 是 12 和 18 的公因数。公因数就是'共同的因数'

174

的意思。"

安娜继续说："在两个数的所有公因数中，最大的一个就是'最大公因数'。请看大屏幕。

找出最大公因数的方法

❋ 以 12 和 18 为例

①先将 12 和 18 分别分解质因数。

$$12 = 2×2×3 \qquad 18 = 2×3×3$$

②比较这两组质因数，提取出它们共同的质因数。

2，3

③将提取出的质因数相乘，得到最大公因数。

$$2×3 = 6$$

（最大公因数是 6）

"我们还可以用短除法找出最大公因数。

"通过短除法，我们还能够算出两个数或多个数的最小公倍数。"安娜说。

"如果某个数同时是多个数的倍数，那么这个数就是这些数的公倍数。

"比方说，3 的倍数有 3，6，9，12，15，18，21，24，…；4

求最大公因数（短除法）

❋ 以 12 和 18 为例

①将 12 和 18 并排写在一起，用它们共同的质因数依次去除，直到两个商只有公因数 1 为止。

②将式子左侧的质数相乘，得出的就是最大公因数。

$$
\begin{array}{r|cc}
2 & 12 & 18 \\
3 & 6 & 9 \\
\hline
& 2 & 3
\end{array}
$$

$2 \times 3 = 6$

（最大公因数是 6）

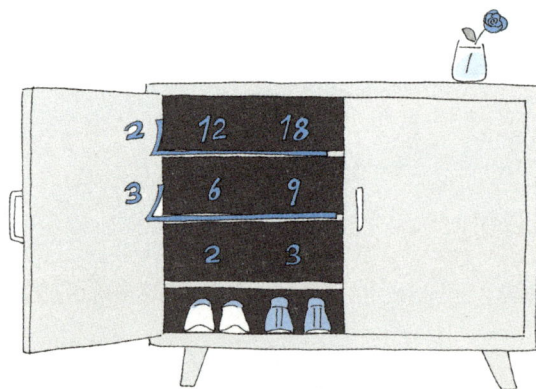

的倍数有 4，8，12，16，20，24，…。其中的 12，24，…等数就是 3 和 4 的公倍数。在诸多公倍数中，最小的那个就是它们的最小公倍数。"

找出两个数的最小公倍数的方法

※ 以 12 和 18 为例

①先将 12 和 18 分别分解质因数。

$$12 = 2 \times 2 \times 3$$
$$18 = 2 \times 3 \times 3$$
$$2 \times 2 \times 3 \times 3$$

②再列一个乘式，把上面两组乘式的质因数全部包括在内，并使乘式的积尽可能小。这样得到的积就是两数的最小公倍数。在这个例子里，同时包含两个数共同的质因数与各自独有的质因数且积最小的乘式是 $2 \times 2 \times 3 \times 3$，其积 36 就是 12 和 18 的最小公倍数。

$$2 \times 2 \times 3 \times 3 = 36 \text{（最小公倍数）}$$

我们也可以用短除法来计算最小公倍数。

用两个数共同的质因数依次去除，直到两个商只有公因数 1 为止。

$$
\begin{array}{r|cc}
2 & 12 & 18 \\
3 & 6 & 9 \\
\hline
& 2 & 3
\end{array}
$$

$$2 \times 3 \times 2 \times 3 = 36$$
（12 和 18 的最小公倍数是 36）

将外圈呈 L 形排列的所有数相乘，就能得到最小公倍数。

安娜继续说："分数的加减法经常需要通分。

"最小公倍数对于通分非常有用。

"有时候分数的加减法涉及 3 个或更多的分数，就需要对 3 个或更多的分数通分，所以要找出多个分母的最小公倍数。下面我来教你如何找到 3 个或更多数的最小公倍数吧。

找到多个数的最小公倍数的方法

✳ 以 12、18 和 20 为例

将 3 个数并排写在短除式中，先用它们共同的质因数依次去除。找不到 3 个数共同的质因数时，用其中两个数共同的质因数继续除，并把无法整除的数移下来，直到三个商两两互质为止。

将呈 L 形排列的数相乘，得出答案。

```
2 | 12    18    20
3 | 6     9     10
2 | 2     3     10
    1     3     5
```

$2 × 3 × 2 × 1 × 3 × 5 = 180$

（12、18 和 20 的最小公倍数是 180）

"这个例子告诉我们，当分母分别为 12、18 和 20 的分数进行加减法计算的时候，只要将分母通分成 180 就行了。"

✳ 比和比例

"有个和倍数、因数关系很密切的概念，叫作比。"乔治说，"你在学校学过比和比例的相关知识吗？"

"学过一点点，"小董说，"比如说做一道菜时，加入的酱油和白砂糖的量之比是 3：2 之类的。"

"看一下大屏幕吧。"

比

比是两个数相除的一种表示方法。

$2 : 3$
（2比3）

$\dfrac{2}{3}$

→ 两者都是 $2 \div 3$ 的意思

$2 : 3$ 是比，$\dfrac{2}{3}$ 是分数。
两者本质上都是除法。

乔治说："比、除法还有分数,本质上可以说是同一个东西。因此,和分数一样,比号两侧的数同时乘或除以同一个不是 0 的数,比值不变。

比　例

$$2:3 = 4:6$$

（比号两侧的数同时乘 2，比值不变）

参考 $\dfrac{2}{3} = \dfrac{2\times2}{3\times2} = \dfrac{4}{6}$

像这样表示两个比相等的式子称为比例。

$$3\times4 = 2\times6$$

对一个比例来说，内项的积等于外项的积。

内项是指在比例的内侧的 2 个数。

外项是指在比例的外侧的 2 个数。

"因为内项的积等于外项的积，所以当我们遇到像 $2:3 = \square:15$ 这种题目时，就能迅速解出□是几。

"$2\times15\div3 = 10$，答案是 10。"乔治说。

✳ 三人的体重比

　　乔治说："因为比是数和数之间的关系，所以当表示 3 个或更多的数之间的关系时，我们就可以使用连比。

　　"比方说，小堇和小枫的体重之比是 4 : 3，小枫和妈妈的体重之比是 2 : 5，那么三个人的体重之比怎样表示呢？"

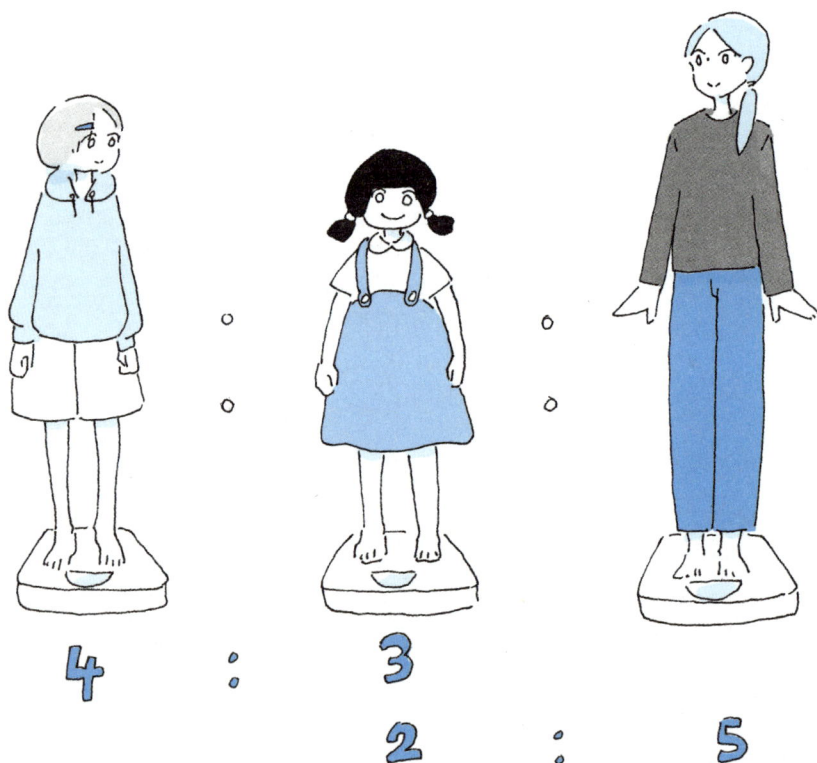

连　比

求小堇、小枫和妈妈的体重比。

小堇体重　:　小枫体重　:　妈妈体重

$$4 \quad : \quad 3$$

$$2 \quad : \quad 5$$

$$\boxed{8} \quad : \quad 6 \quad : \quad \boxed{15}$$

构造连比的方法:

①找出两个比的相同部分（小枫体重），对应的数是 3 和 2，求出它们的最小公倍数 6。

②将问题转换为 4 : 3 = □ : 6 的形式，求得□ = 8。

③将问题转换为 2 : 5 = 6 : □ 的形式，求得□ = 15。

④所以小堇、小枫和妈妈的体重比为

$$8 : 6 : 15$$

"现在，我们离开这栋楼吧。"乔治提议。

"我们已经在数学乐园里转了一圈了。"小堇想。

她感觉离开家已经好几天了，但又好像只有一瞬间。

这里还有很多打不开的门、进不去的入口以及正在施工的建筑。

小堇心想，要是还有机会来到数学乐园，她一定要去看看那些现在还去不了的地方。

不可思议的数学乐园

小堇一行人从后门离开了"因数和倍数"大楼后，向右一转，一栋小巧可爱的小屋出现在不远处。它的墙壁是橙色的，屋顶向着一侧倾斜。

"接下来去那里吗？"小堇问。

"没错。那里是自助餐厅，我们可以在那里享用果汁和三明治。"安娜说。

数学乐园的很多建筑物里都亮着灯光，外面也打扫得干干净净。自助餐厅的对面矗立着好几栋小堇没有去过的大楼。

"那些楼里也是学习数学的地方吗？"小堇问。

"是的，在那里你可以学到初中、高中、大学乃至研究生阶段的数学知识。"

※ 计算好麻烦

三人进入自助餐厅，一排排时尚整洁的桌子映入眼帘。

小堇不由得心想："这里真不错，要是我家附近也有这么棒的自助餐厅就好了。"

乔治端来三杯果汁。

"小堇喜欢数学吗？"安娜问。

"我喜欢数学的思考方式，但我不喜欢计算，因为我觉得好麻烦。"小堇说。

"没错，计算是很麻烦的事，所以我们要尽可能减少计算量。"乔治说。

"尽可能减少计算量？"

"数学里有许许多多简便的方法，我们只要会使用这些方法就可以减少计算量啦。"乔治说。

"小堇，你背过九九乘法口诀吧？当你利用乘法口诀进行乘除法运算的时候，是不是不用花太多时间计算，就能得出结果？还有很多和九九乘法口诀一样经常使用的计算口诀和技巧，只要会背就可以了。这样还能避免算错。"安娜说。

安娜在墙壁上的屏幕上放映了一张新幻灯片。

"如果能把这些都背下来的话，确实会减少很多计算量。"小堇说。

"还有没有其他技巧？"

"我想想啊，对了，还有这样一些技巧。当我们计算两位数的乘法时，如果两个乘数的十位数相同，有时可以更快速、准确地算出答案。"安娜说。

值得记住的一些计算结果

✳ 平方

$11 \times 11 = 121$

$12 \times 12 = 144$

$13 \times 13 = 169$

$14 \times 14 = 196$

$15 \times 15 = 225$

$16 \times 16 = 256$

$17 \times 17 = 289$

$18 \times 18 = 324$

$19 \times 19 = 361$

✳ 乘方

$2^2 = 4$ $3^2 = 9$

$2^3 = 8$ $3^3 = 27$

$2^4 = 16$ $3^4 = 81$

$2^5 = 32$ $3^5 = 243$

$2^6 = 64$ $3^6 = 729$

$2^7 = 128$

$2^8 = 256$ $5^2 = 25$

$2^9 = 512$ $5^3 = 125$

$2^{10} = 1024$ $6^2 = 36$

$2^{11} = 2048$ $6^3 = 216$

$2^{12} = 4096$ $6^4 = 1296$

$7^2 = 49$

$7^3 = 343$

$11^2 = 121$

乘方是指几个相同的数相乘。 $11^3 = 1331$

两位数乘法的计算技巧（1）

※ 计算两位数的乘法时，如果两个乘数的十位数相同，且个位数相加等于 10，有一种可以迅速算出答案的简便方法，那就是把个位数相乘放在后面，将十位数中的一个加 1 后再与另一个相乘放在前面。

$$
\begin{array}{r}
6\,5 \\
\times\ 6\,5 \\
\hline
4\,2\,2\,5
\end{array}
\qquad
\begin{array}{r}
8\,2 \\
\times\ 8\,8 \\
\hline
7\,2\,1\,6
\end{array}
$$

6×7 5×5   8×9 2×8

6+1   8+1

两位数乘法的计算技巧（2）

✳ 十位数相同、个位数是 1 的乘法运算

【例1】　$61 \times 61 = (60 + 1) \times (60 + 1)$

$= 60 \times 60 + 60 \times 2 + 1 \times 1$

$= 3600 + 120 + 1$　*这很简单！

$= 3721$

✳ 十位数相同、个位数是 9 的乘法运算

【例2】　$39 \times 39 = (40 - 1) \times (40 - 1)$

$= 40 \times 40 - 40 \times 2 + 1 \times 1$

$= 1600 - 80 + 1$　*这很简单！

$= 1521$

✳ 十位数相差 1、个位数分别是 1 和 9 的乘法运算

（即大小相差 2 的两个数的乘法）

【例3】　$51 \times 49 = (50 + 1) \times (50 - 1)$

$= 50 \times 50 + 50 \times 1 - 50 \times 1 - 1 \times 1$

$= 2500 - 1$　*这很简单！

$= 2499$

"你明白了吗？"安娜问。

"好厉害，这样太简单了，立刻就能算出答案。"小堇兴奋地说。

✳ 简单计算多个连续整数之和的方法

"有道很有名的求很多个连续整数的和的题目，你听说过吗？"安娜问，"1 + 2 + 3 + … +10，等于多少？"

"嗯，我听说过。"小堇说。

求多个连续整数之和

$$1 + 2 + 3 + 4 + 5 + 6 + 7 + 8 + 9 + 10 =$$

即使不用一步一步算也能得出答案。

"答案是 55。方法是这样的。

快速计算多个连续整数之和

1 + 2 + 3 + 4 + 5 + 6 + 7 + 8 + 9 + 10

$$= (\ \ 1\ \ +\ \ 10\ \ ) \times\ 10\ \times \frac{1}{2}$$

第一个数　　最后一个数　　数的个数

用这个方法，就能马上得出答案 55。

我们可以这样理解：

将从 1 加到 10 的结果设为□，那么将所有加数反向排列后相加得出的结果也是□。

所以我们把加数反向排列后的式子写在下一行，将上下两行对应的数分别相加。

　　　1 + 2 + 3 + 4 + 5 + 6 + 7 + 8 + 9 +10 = □

+　　10+ 9 + 8 + 7 + 6 + 5 + 4 + 3 + 2 + 1 = □
___

11 + 11 + 11 + 11 + 11 + 11 + 11 + 11 + 11 + 11 = □ × 2

$11 \times 10 = □ \times 2$

$□ = 11 \times 10 \div 2$

$□ = 11 \times 5$

$□ = 55$

11

10

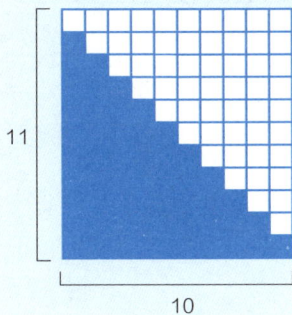

这个思路和求底是 10、高是 11 的三角形的面积是一样的。

"计算从 1 加到 100 等于多少，我们也可以用这个方法。"安娜说，"101×100÷2，答案是 5050。"

✳ 要仔细观察算式

"要想让计算变得简单，就不能看到算式就急急忙忙地开始算，而是要先好好地观察算式，从整体思考怎样才能简化计算。"乔治说。

"我们来看下面这道题。

试 着 列 式

题目　半径为 10 cm 的圆柱形容器中，盛有 5 cm 高的水。如果把这些水倒到半径为 5 cm 的圆柱形容器中，水的高度是多少？

简 化 计 算

【浪费时间的算法】

水的体积 = $\underline{10 \times 10 \times 3.14} \times \underline{5}$ = 1570（cm^3）

底面积　　　高

高 = 1570 ÷（$\underline{5 \times 5 \times 3.14}$）= 20（cm）

底面积　　　　　计算过程太辛苦啦！

【巧妙的算法】

$$高 = \frac{水的体积}{底面积} = \frac{\overset{2}{10} \times \overset{2}{10} \times \overset{1}{3.14} \times 5}{\underset{1}{5} \times \underset{1}{5} \times \underset{1}{3.14}} = 20（cm）$$

不到 3 秒就算出来啦！

"我们在列好算式之后，不要急着去计算，而要想'是否还有更简单的方法'，这是非常重要的。"乔治说。

"会速算的人好厉害。"小堇说。

"计算本来就是一件麻烦的事情，所以要尽可能减少计算量。这就是数学乐园的解题思路。其实，很多数学家都不擅长计算呢。"乔治说。

"是吗？"小堇有些吃惊。

乔治继续说："不会计算是不行的，但是这并不意味着会算了就万事大吉。在学习数学时，最重要的是思考能否用更简便的方法解决问题，哪怕只简单一点点也可以。比起计算能力，思维能力更为重要。"

小堇不是很擅长计算，所以她觉得这是个好消息。如果能够用思考来替代计算的话，那么数学就更加有趣了。

✳ 无法用分数表示的长度

"再告诉你一些不可思议的数吧，这些数你在小学阶段很可能并不会接触到。"乔治一脸开心地说。

"一个边长为 1 的正方形，它的对角线的长度是多少呢？古希腊的数学家思考过这个问题，虽然这个问题看似简单，但很长一段时间里都没有人能得出正确答案。

"请看这张图。"

乔治在屏幕上放映了一张图。

正方形的对角线

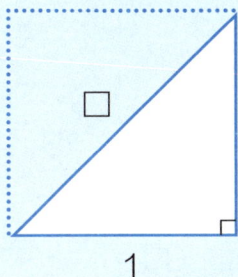

由勾股定理我们可得:

$$1×1 + 1×1 = \square × \square$$

$$2 = \square × \square$$

也就是说,$\square$ 是一个平方为 2 的正数。

尝试去计算这个数便会发现,它是一个无限不循环小数,约等于 1.4142。

"真是不可思议!"小董惊讶地说,"明明这条斜线就在图中,就这样摆在那里,它的长度却没法用一个精确的小数来表示!"

"其实,这条线段的长度既不能用有限小数来表示,也不能用分数来表示,这一点已经被证明了。"乔治说,"确实存在这么一个数,它的平方为 2。

"我们把它称为 2 的平方根,写作 $\sqrt{2}$(读作'根号二')。平方为 3 和 5 的数我们也可以在图中表示出来。"

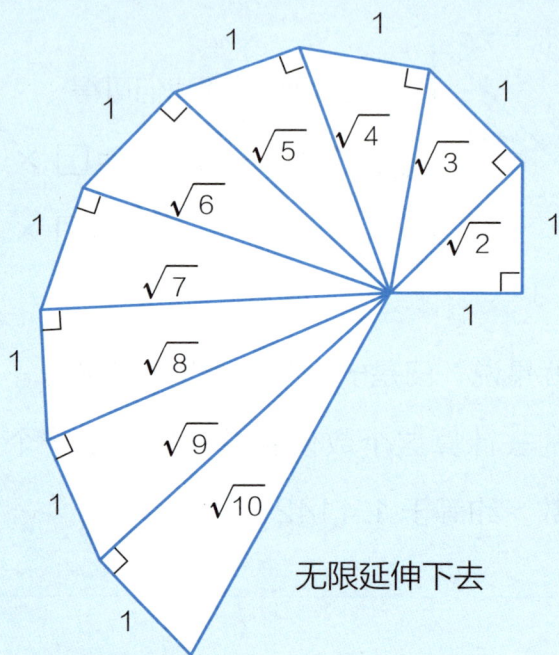

平方根的螺旋

$\sqrt{4}$ 就是 2，$\sqrt{9}$ 就是 3。

无限延伸下去

乔治继续说："每当新的数学知识被发现时，数学乐园的土地就会扩张，更多的建筑物也会随之出现。直到现在，这里仍然到处都在施工。"

听了乔治的话，小堇打心底敬佩数学乐园里的人。即使在深夜，这里的人还在为了建立一个宏伟的数学世界而努力。

小堇再一次唱起了歌：

数学啊数学，

计算很重要，

但比计算更重要的是，

不计算就能解决问题的方法。

需要思考得简便点儿，

才能学得更轻松。

小堇问出了那个一直萦绕在心头的问题："乔治和安娜，你们是怎样诞生的呢？你们为什么会出现在这里呢？"

乔治和安娜互相看了看对方。

随后，乔治开口了："在人类的世界中，大家都要学习数学。如果有人对数学感兴趣、认为数学能让他们开心，他们就会被召唤到数学乐园，并成为天使，但他们会忘记自己原来是谁。"

"原来的自己就这样消失了吗？"小堇有些担心。

"不，他们还会过着和之前一样的生活，不会意识到自己已经来到了数学乐园并变成了天使。"乔治说。

安娜说："我们的职责就是把在学校学习数学的孩子们带到数学乐园里来，让他们在这里感受数学世界的美好，然后指引他们把人类的世界变得越来越好。"

"但是我在今天以前都没有听说过数学乐园。"小董说。

"在数学乐园里的所见所闻会像梦境一样，谁都不会记得。虽然孩子们不会想起来，但这段珍贵的经历其实一直藏在他们的记忆深处。"

"我也会忘记在数学乐园里见到的一切吗？"小董问。

"等你醒来之后，你就不会记得这些了。不过，你也不会完全遗忘，因为你会和数字成为好朋友。"乔治说，"据说有一本书里记载了数学乐园里的事情，当你读到那本书的时候，也许你就能想起来这段经历了。"

✳ 黑色无人机到底是什么？

小董还有想要问的问题。

"为什么在数学乐园里，会感觉外面的世界的时间是停止的呢？"

乔治说："数学乐园是数字的乐园，所以这里的很多事情和现实世界不同。对现实世界来说，数字是一种至关重要的东西。把这种东西单独拿出来，就是数学乐园。现实世界的时间法则在这里并不生效。"

"那么，乔治和安娜都不会变老吗？"

"我们不会变老，"乔治笑着说，"但是，当人类的小孩不再觉得数学能给他们带来快乐的时候，我们会接收不到足够的能量，也就会变得越来越没有精神，最后会消失。"

"真的吗？"小堇吃惊地问。

"真的。"安娜说。

乔治说："最近，讨厌数学、觉得'要是没有数学就好了'的孩子越来越多了。只要大家这么想，这种厌恶的情绪就会变成黑色无人机，飞到数学乐园来。你时不时会听到无人机坠落的声音，对吧？那些就是从人类的世界里飞过来的。"

"是吗？"小堇问。

"对啊，不过现在这还不算大事，只要注意无人机掉下来的时候不要被砸到就好啦。"

这时，小堇看到安娜的颈部后面有一颗小小的痣。"我这个部位也有一颗痣。"小堇想道。

✳ 从数学乐园归来

"我要怎样才能回到原来的世界呢？"小堇问。

安娜说："你不用走回去，你会变成电波飞回去。"

乔治说："你在走过之前那几栋楼的时候，在不知不觉间已经发生了变化。只从数学方面来说的话，你现在已经达到了小学高年级的水平了。你注意到了吗？"

小堇静下心来想："小学阶段的数学知识，今晚差不多都在这里学到了呢。"

"我上了初中和高中以后还能再到数学乐园来吗？"小堇问。

"无论是谁，只要想来数学乐园，都可以来。"安娜说。

"一定能再来吗？"

"一定可以的。"

听他们这么说，小堇觉得很开心。之后他们又聊了很多事情，比如小堇九岁这一年里想做的事情、她喜欢的食物、最近身边发生的一些趣事等。

毕竟，小堇刚刚过完九岁生日。

乔治和安娜很开心地听着小堇的讲述，偶尔也会蹦出来一句："这是怎么回事？"

说着说着，小堇感觉自己眼前渐渐起了一层白雾，精神也开始有些恍惚，眼前的一切逐渐失去了色彩。但是小堇并不觉得难受，反而感到很舒适。

好奇怪啊……小堇想要开口，却发不出声音。

自助餐厅里的桌子和椅子，还有乔治和安娜，眼前的一切事物都变得越来越模糊。同时，小堇感到自己的身体也逐渐失去了真实感，像要消失了一样……

✳ 数学乐园的赠礼

小堇像往常一样，在自己的房间里醒了过来。

她像往常一样和家人道早安，像往常一样吃早饭，像往常一样去学校上课。她总觉得自己似乎做了一个相当漫长的梦，梦中她好像去过什么地方，但是梦境是那样虚无缥缈、不可捉摸。

一切都和往常一样。

只有一件事和之前不一样。

当小堇从学校回来后，她发现书桌上放着一本书。

书的封面上写着《可视化的小学数学》。

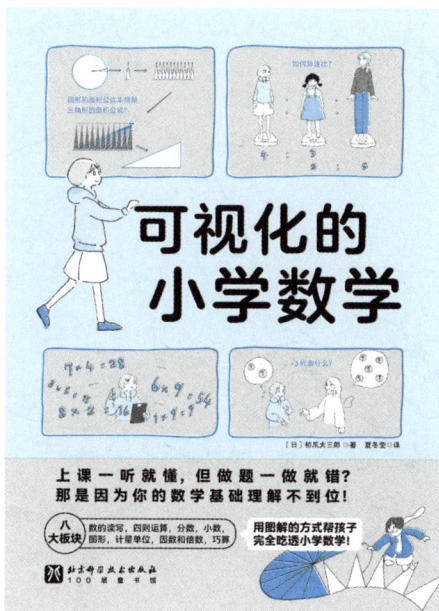

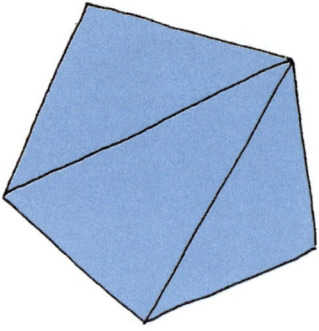

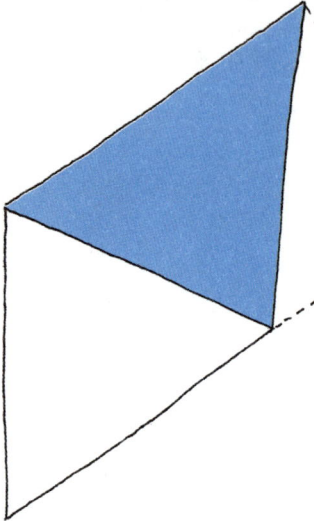

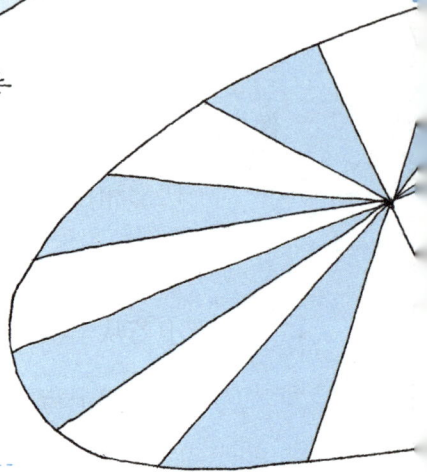

$$\frac{1}{7} = 0.142857142857\cdots$$

$$= 0.\dot{1}4285\dot{7}$$

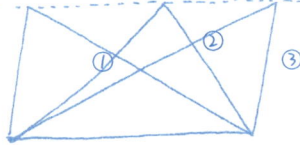

① ② ③

$$2 \lfloor \underline{12}$$
$$3 \lfloor \underline{6}$$
$$2 \lfloor$$

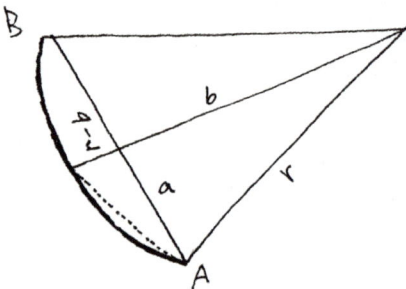

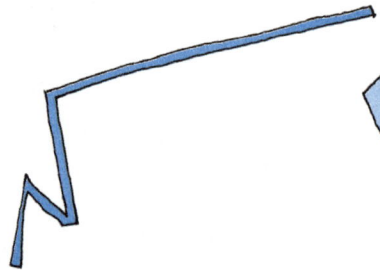

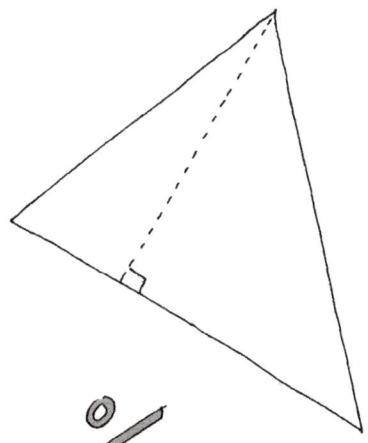

✳ 后 记 ✳

致小读者

在数学乐园的旅程开心吗?

如果你感到开心的话,我也很开心。

这本书既不是教科书,也不是参考书或者习题册,而是一本故事书。小堇就像迷失在镜中世界的爱丽丝一样被邀请到数学乐园,她在这里一点点地学习数学知识。

我们从小时候就开始学习数学。随着年龄的增长,我们对数学的学习也逐渐深入。但是,学习数学是需要兴趣的。计算速度快或慢、答案是否正确,这些都是次要的,最主要的是要喜欢数学。我希望你们都能喜欢数学。

语文、地理、历史等科目,每个国家的孩子学习的内容都不一样。但是,数学知识在全世界是共通的,无论在哪个国家,数学学科涉及的内容基本都是相同的。所以,可以说数学是一门很厉害的学科。正因为数学能够将世界联系起来,我才写了这本书。我相信世界上存在这样一个数学乐园,每个孩子都可以进去参观和学习。

希望你们能从这本书中感受到数学的乐趣。

致家长

我想先聊一聊我为什么想写这本书。

我从 18 岁就开始做家庭教师,一共做了 20 多年。我教过的学生前前后后有 100 多人,从小学低年级到高中三年级都有。

我发现,几乎所有的学生都会在某些地方遇到困难,但只要在这些地方稍微提醒他们一下，他们就会克服困难，并且数学成绩越来越好。然而，大多数家庭没有条件请家庭教师，而让孩子上补习班也需要一笔不小的费用。没有得到"提醒"的孩子会怎么样呢？那些让他们感到困难的地方，会不会让他们觉得"我没有数学天赋"或"我讨厌数学"呢？虽然学校的老师会认真教学，但是学校的课程不可能根据每个学生的学习进度来调整。如果在课堂上遇到的问题得不到解决，很多孩子就一直没有机会克服学习中遇到的困难。因此，我决定写这本书。

这本书涵盖了小学一年级到六年级几乎全部的数学知识点，甚至还涉及初中和高中的一些内容。低年级的孩子可以通过此书来预先了解一下将来要学习什么，而高年级的孩子则可以通过此书复习之前学过的知识。

※　　致　谢　　※

这本书本应在很久以前由另一家出版社出版。当时除原稿外也已经有了插图。该社的社长泽边均、编辑佐藤智砂和那须由加利给我提供了很多帮助。然而，由于很多原因，这本书没能按计划出版，原稿也被我束之高阁，我觉得很可惜。后来，我认识的编辑帮我咨询了田畑博文先生（现在在钻石公司工作）。田畑先生为我介绍了山和溪谷社。山和溪谷社的责任编辑绵老师给我的稿件提出了很多宝贵意见，还为我介绍了新的插画师。我也要感谢樱井进先生对我的书稿的点评。我还要感谢我曾经的学生。

我很期待我的书能和孩子们相遇。

Original Japanese title: Sansuunohon Number Land no fushiginabouken

Copyright © 2022 by Daisaburo Hashizume All rights reserved.

Illustration Copyright ©Kashiwai

Original Japanese edition published by Yama-Kei Publishers Co.,Ltd.

Simplified Chinese translation rights arranged with Yama-Kei Publishers Co.,Ltd.

Chinese translation rights © 2025 by Beijing Science and Technology Publishing Co., Ltd.

著作权合同登记号　图字：01-2023-1039

图书在版编目（CIP）数据

可视化的小学数学 /（日）桥爪大三郎著；夏冬莹译 . -- 北京：北京科学技术出版社，2025. -- ISBN 978-7-5714-4499-0

Ⅰ．G624.503

中国国家版本馆 CIP 数据核字第 2025Z5H948 号

策划编辑：尚思婕	电　话：0086-10-66135495（总编室）
责任编辑：张航远	0086-10-66113227（发行部）
责任校对：王晶晶	网　址：www.bkydw.cn
图文制作：史维肖	印　刷：北京中科印刷有限公司
责任印制：吕　越	开　本：710 mm×1000 mm　1/16
出 版 人：曾庆宇	字　数：127千字
出版发行：北京科学技术出版社	印　张：13
社　　址：北京西直门南大街16号	版　次：2025年5月第1版
邮政编码：100035	印　次：2025年5月第1次印刷
ISBN 978-7-5714-4499-0	

定　价：69.00元